Tanzcompagnie Flamencos en route

Hansueli W. Moser-Ehinger (Hg.)

Tanzcompagnie

Flamencos 20 Jahre en route

Schweizer Theaterjahrbuch
65–2004

herausgegeben von der Schweizerischen Gesellschaft für Theaterkultur

Die Publikation wird unterstützt durch die Schweizerische Akademie der
Geistes- und Sozialwissenschaften

Umschlag: Hampi Krähenbühl SGD, Fürigen
Layout: Hansueli W. Moser-Ehinger
Druck: Druckerei Odermatt AG, Dallenwil
ISBN 3-908145-48-1

Inhalt

Detail-Übersicht Dokumentation

Vorwort des Herausgebers

Die Publikation von Texten und Materialien zum Theater in der Schweiz gehört zu den Aufgaben, denen sich die Schweizerische Gesellschaft für Theaterkultur (SGTK) seit ihrer Gründung 1927 verschrieben hat. Der vorliegende Band aus der Reihe *Schweizer Theaterjahrbuch* trägt die Nummer 65; dazu sind in der Reihe *Schriften der SGTK* 23 Titel erschienen – neben den vierbändigen *Œuvres complètes* von Adolphe Appia und 56 Jahrgängen der Zeitschrift *MIMOS*. Schliesslich sorgt die Gesellschaft mit dem seit 1973 erscheinenden Handbuch *Szene Schweiz* für eine jährliche Übersicht über alles, was Theater in der Schweiz ausmacht. Allen diesen Veröffentlichungen gemeinsam ist der Versuch, wissenschaftliche Präzision so zu präsentieren, dass die Thematik auch über den Kreis der Fachgelehrten hinaus Interesse finden kann.

In der Öffentlichkeit wohl am bekanntesten ist die SGTK durch den *Hans Reinhart-Ring*, eine Auszeichnung, die eine von der Gesellschaft eingesetzte Jury seit 1957 jährlich «in Würdigung hervorragender Verdienste um das Theater» in eigener Kompetenz vergibt. Sie besteht aus einem goldenen Ring, der (im Gegensatz zu anderen Auszeichnungen dieser Art, die wie etwa der Iffland-Ring von ihrem Träger weitergegeben werden) in den Besitz der ausgezeichneten Person übergeht. Übergeben wird der Ring jeweilen an einer speziellen Ringfeier. Ging die Auszeichnung in den ersten Jahren ausschliesslich an Personen, die auf der Bühne etablierter Theater oder im Film zu sehen waren, so wurde der Empfängerkreis zuerst in die freie Szene und schliesslich auch auf Persönlichkeiten ausgeweitet, die mit exemplarischer künstlerischer Arbeit «hinter den Kulissen» hervorragendes Theater ermöglichen.

Das vorliegende Jahrbuch entspricht den Zielsetzungen der SGTK in mehrfacher Weise. Zum einen gilt es der Arbeit einer freien Theatertruppe, der *Tanzcompagnie Flamencos en route*, die – alles andere als ein alltägliches Ereignis – mit der Saison 2004/2005 ihr zwanzigjähriges Bestehen feiert, indem einerseits kundige Autorinnen und Autoren sich mit der Geschichte der Truppe und mit den Personen befassen, die sie prägen, aber auch mit den materiellen Umständen eines solchen Unternehmens, anderseits eine umfassende Dokumentation in Wort und Bild die geleistete Arbeit würdigt. Zum anderen aber gilt das Buch nicht zuletzt der Ringträgerin des Jahres 2004, der Tänzerin und Choreografin Brigitta Luisa Merki, die die *Tanzcompagnie Flamencos en route* 1984 gegründet und im letzten Jahrzehnt des 20. Jahrhunderts auch von ihrer Lehrerin, der legendären Susana, die künstlerische Leitung der Truppe übernommen hat. An der Ringfeier am 6. Juni 2004 im *ThiK. Theater im Kornhaus* in Baden sang der Clown Dimitri, der Ringträger von 1976, die Laudatio auf die neue Ringträgerin.

Die Schweizerische Gesellschaft für Theaterkultur wird verdankenswerterweise bei ihren wissenschaftlichen Publikationen von der *Schweizerischen Akademie der Geistes- und Sozialwissenschaften*, beim Hans Reinhart-Ring vom *Bundesamt für Kultur* unterstützt. Ihre Tätigkeit kann sie aber dennoch nur weiterführen dank ihren Mitgliedern. Die SGTK richtet sich an alle, die überdurchschnittliches Interesse am Theater haben, indem sie sich mit Theater in allen seinen Erscheinungsformen in allen Sparten und in allen Sprachregionen der Schweiz befasst, und lädt sie ein, die Arbeit als Mitglieder mitzutragen. Wie vielfältig die Theaterlandschaft der Schweiz ist, zeigt das Handbuch *Szene Schweiz*: in der aktuellsten Ausgabe sind gegen 2000 produzierende und veranstaltende Institutionen und Einzelpersonen, Organisationen und Verbände aufgeführt.

Hansueli W. Moser-Ehinger

Weit über Spanien hinaus: Flamenco unterwegs

Spanischtanz aus der Schweiz und Ostpreussen

Von Richard Merz

Er gilt als das Spanischste des Spanischen, der Flamenco, so sehr, dass vielfach übersehen wird, dass die iberische Halbinsel noch eine Fülle anderer Tanzformen hervorgebracht hat, oder, wohl eher umgekehrt, so sehr, dass leicht alles, was im Tanz irgendwie spanisch anmutet, als Flamenco gesehen wird. Und was uns so urspanisch berührt, das kann doch nur von dort selber stammen. Scheint es. Und doch tanzen und komponieren von innen heraus vollkommen erfüllt echten Flamenco auch Menschen, in deren Adern keinerlei spanisches Blut fliesst. Und dazu noch Menschen aus Gegenden, deren Bewohner man gemeinhin nicht als besonders glühend temperamentvoll bezeichnen würde, wie zum Beispiel die Schweiz und Ostpreussen. Und doch kommt gerade von dort her ein gewichtiger Beitrag zur heutigen Entfaltung dieser spanischen Tanzkunst. «Einen Holzboden für die Kunst» soll Gottfried Keller die Schweiz genannt haben.

Und Holzböden sind bekanntlich kein sehr fruchtbares Fundament für Wachstum und Gedeihen. Und so gesehen müsste eigentlich angenommen werden, dass die Schweiz kaum irgendwelche Kunst zu erzeugen fähig war und ist, und schon gar nicht spanischen Tanz.

Nun, was immer den ominösen Satz bedingt haben mag, und wie gerne
man ihn auch aus frustriert kulturpolitischer Ecke heraus zitiert, so ganz
kann er ja nicht stimmen. Keller selber wurde zwar in Zürich durchaus
nicht als herausragende Künstlerpersönlichkeit behandelt. Aber seine
Kunst wurde durchaus als solche wahrgenommen. Und der Satz meint deshalb wohl eher, dass die Schweiz ein Holzboden für *Künstler* sei. Kunst
selber aber konnte und kann in der Schweiz durchaus entstehen und wird
im geistigen Raum – und solange sie nur dort Ansprüche erhebt – durchaus geschätzt. Gerade in Kellers Bereich, in der Literatur, hat die Schweiz
in verschiedenen Epochen Bedeutendes hervorgebracht. Keller selbst ist
ein leuchtendes Beispiel dafür, sein Werk gehört zur Weltliteratur.

Schweizer Tanz aber hat kaum je von sich reden gemacht. Zwar wurde in
der Schweiz wie überall getanzt, im Volkstanz wurden viele Formen gepflegt und das Urner Tanzlied redet sehr plastisch vom «Bödele, Tanze
Chaibe und Schwitze». Und weite Kreise der Bevölkerung haben in ihrer
Jugend einen Tanzkurs besucht, in dem ihnen nebst den zeitgemässen Ge-
sellschaftstänzen auch gute Manieren beigebracht wurden.

Tanz als Kunstform aber war kaum existent. Und zu Beginn des zwanzig-
sten Jahrhunderts war das praktisch in ganz Europa so. Doch kam es um
jene Jahrhundertwende herum dann auch, besonders in Deutschland, zu
einem grossen Tanzaufbruch, der aber im allgemeinen Kulturgeschehen
der Schweiz eher eine Randerscheinung blieb. Während Musikunterricht
seit je in vielen Orten schon fast selbstverständlich angeboten wurde, gab
es nur ganz vereinzelt Tanzunterricht ausserhalb des Bereiches des Gesell-
schaftstanzes.

So war damals für alle am Anfang des ohnehin schwierigen Weges zum
Bühnentanz die erste grundlegende Schwierigkeit die, überhaupt eine Schule,
überhaupt irgendwo geeignete Lehrkräfte zu finden. Das erlebte noch in der
Zeit um den Zweiten Weltkrieg die junge Schweizerin, die später als Susana
Weltruf als authentische Spanischtänzerin geniessen sollte. Aber zuerst war
nur der unbändige Drang da zu tanzen. Einfach zu tanzen, aber methodisch-
künstlerisch fundiert. Und war damit mit der ersten elementaren Schwierigkeit konfrontiert, überhaupt einen Zugang zu dieser Kunst zu finden.

Susana y José in Orfeo Gitano: *Orfeo verliert Euridice für immer*

Spanischtanz war für Susana zu der Zeit noch gar kein Thema; nicht nur deshalb, weil keine entsprechende Lehrkraft greifbar gewesen wäre, sondern viel mehr deshalb, weil Spanischtanz damals überhaupt nicht zu den hier bekannten Vorstellungen von Tanz gehörte. Und das hing damit zusammen, dass das Reisen über die Landesgrenzen hinaus – und damit selbst erlebte Kenntnisse fremder Länder und Kulturen – noch keineswegs allgemeines Ferienvergnügen war. Spanien als ganzes gehörte bei uns damals noch in den Bereich des exotisch Unbekannten.

Und so strebte Susana keineswegs auf diese Tanzform zu. Sie wollte, sie musste einfach tanzen, sich durch Tanz mitteilen; und das heisst: auf der Bühne tanzen. Auf der Bühne aber fand damals vorwiegend moderner Ausdruckstanz und am Rande auch etwas Ballett statt. So suchte Susana entsprechenden Unterricht, und fand ihn auch. Als das, was die Schweiz ihr bieten konnte, sehr bald erschöpft war, ging sie ins Ausland, auch nach Paris. Dort sah sie einen grossen Spanischtänzer. Da wusste sie: «Das ist es. Das ist mein Tanz». Und wieder musste sie einen Weg suchen, den Weg zum Spanischtanz.

Und sie fand ihn. Und schon kurz nach dem Zweiten Weltkrieg tanzte sie dann auch bereits in Madrid. Nicht dort, wo es sie von innen heraus hinzog, nein, sie trat in Madrid noch im Bereich der Tradition auf, nämlich tatsächlich als Primaballerina der dortigen Oper. Wobei die Künstlerin später über ihre damaligen Leistungen im klassischen Stil eher milde gelächelt hat. Aber wichtig war für sie in jener Zeit nur, dass sie überhaupt in Spanien war, dort, wo sie authentisch jene Kunst erlernen und erfahren konnte, von der sie bei der ersten Begegnung so unmittelbar gepackt worden war, wo jener Unterricht seine Vollendung finden konnte, den sie nach dem Pariser Erlebnis schon bald begonnen hatte.

Und das klassische Engagement an der Madrider Oper stellt merkwürdigerweise auch den ganz direkten Beginn der späteren Weltkarriere als Spanischtänzerin dar. Denn Susanas klassischer Partner an der Oper war José Udaeta, der im Grunde ebenfalls viel lieber spanisch als klassisch tanzen wollte. Und so taten sich die beiden zusammen. Und bald traten sie in ersten gemeinsamen Spanischtanz-Programmen auf. José bewegte sich da im Bereiche seines Herkommens, Susana aber entdeckte und ent-

Susana und Antonio Robledo auf der Probe   Foto Christian Altorfer

faltete etwas, das vom kulturellen Herkommen her nicht vorgegeben, und das doch so elementar in ihr vorgebildet war. Nach wenigen Jahren schon waren Susana y José *das* Spanischtanzpaar ihrer Epoche, rund um die Welt. Und nie wurde sie, die Schweizerin, als weniger authentisch spanisch erlebt als er, der Spanier von hochadeligem Geblüt.

Eine Schweizerin, die sich ein Leben lang einer unverkennbar bärntüütsch gefärbten Mundart bediente und diese auch unbekümmert selbstverständlich im Unterricht in Fremdsprachen einfliessen liess («Das ist ganz leicht, that's an easy step, c'est seulment tschaupe, tschaupe, tschaupe»), war so zu einer Inkarnation des Spanischtanzes geworden! Weder hat der angebliche Schweizer «Holzboden» das Wachsen und Aufblühen einer solchen Tänzerin verhindert, noch fand diese hier mit ihrer Kunst keine Beachtung: In sehr vielen Gastspielen wurde das Paar auch in der Schweiz umjubelt und hochberühmt und eine grosse und treue Fangemeinde hielt

Susana die Treue, auch als sie nicht mehr auftrat und zur gesuchten, hoch verehrten Lehrerin geworden war.

Ihren Weg aber zu und mit ihrer Kunst und deren Entfaltung hatte die Künstlerin zusammen mit ihrer kleinen Truppe alleine erkämpfen und gehen müssen. Künstlerisch wie organisatorisch, denn allgemein wurde in der Schweiz ebenso wie anderswo, auch wer umjubelt war, von offizieller Seite materiell nicht unterstützt. Auch das Schweizer Fernsehen hat nie irgend ein Werk von Susana aufgezeichnet. Und der Reinhart-Ring wurde ihr nicht verliehen. Ohne solche materielle und ideelle offizielle Unterstützung war die Durchführung der auf der Bühne so strahlend selbstverständlich leicht erscheinenden Kunst schwierig zu erarbeiten. Denn es musste ja auch und vor allem neben dem andauernden Überlebenskampf in grundlegenden Belangen des Geistig-Künstlerischen eine noch nicht existierende Form für Öffnung und Erweiterung dieser Kunst überhaupt erst geschaffen werden.

Denn das, was mit der Zeit das Wesentliche der Kunst von Susana y José war, das bestand noch gar nicht: Eigenständige Choreografien im Flamenco-Stil. Das Paar tanzte nämlich nicht nur auf die Bühne verpflanzte Folklore, was schon vor seinem Auftreten bekannt und beliebt war und was bis heute die Programme vieler Spanischtanz-Ensembles so mühelos Erfolg garantierend ausmacht.

Susana y José waren sich bewusst, dass selbst schrittgleich vom Dorfplatz auf die Bühne verpflanzter Tanz dort nicht mehr authentische Volkskunst ist. Die Künstlichkeit der Bühne als solche setzt einer authentischen Wiedergabe von Folklore klare Grenzen. Aber Susana spürte, dass dies auch eine Chance war: Wenn der Flamenco auf der Bühne ohnehin unvermeidbar Kunstcharakter erhielt, so konnte es möglich sein, diesen Kunstcharakter zu erweitern, konnte aus den ursprünglichen Elementen auch eine eigene neue Ausdrucksform geschaffen werden.

Das Paar hat Formen des Flamenco – und nicht nur des Flamenco, des ganzen spanischen Volkstanzes – so auf die Bühne gebracht, dass sie wirkten, als kämen sie direkt von einer fiesta, und waren doch ganz bewusst bühnenentsprechend verändert; ja, es waren gerade die Stilisie-

rungen und Adaptionen für die Bühne, die eine Wirkung im Sinne des Ursprünglichen überhaupt erst wieder ermöglichten.

Und von dieser Basis aus entwickelte besonders Susana ein choreographisches Gestalten, das weit über das Adaptieren bestehender Tänze für die
Bühne hinausging. Wie die Schritte des klassischen Ballettes in wechselnd
neuer Zusammensetzung und Umformung für klassische Choreografien
unterschiedlichsten Inhaltes und Ausdruckes verwendet werden, begann
sie Flamenco-Formen in wechselnd neuer Zusammensetzung und Umformung für Flamenco-Choreografien neuer Inhalte und erweiterten Ausdruckes zu verwenden. Es entstanden Werke, die keinen Fiesta-Flamenco
mehr darstellten und doch streng dem Charakter des Flamenco verpflichtet waren und ganz aus seinem Wesen heraus und in seiner Atmosphäre
lebten. Das war Tanztheater von eigenständigem Inhalt und von eigen-
ständiger Aussage, das doch durch und durch den Geist des Ursprunges
ausstrahlte, mit seiner Vitalität und Sensibilität, seiner Kraft und Spannung. So hatte die Schweizerin Susana dem urspanischen Flamenco auf
der Bühne wesentliche Impulse zu neuen Dimensionen gegeben: Flamenco
als eine Kunst en route, unterwegs, von aussen in das Spanische hinein
und von dort aufbrechend in neue Bühnendimensionen.

Nach dem Ende der eigenen tänzerischen Karriere galt Susanas ganzer
Einsatz dem Verfolgen dieses Zieles. Ihr Unterricht – für Laien wie für
hochklassisch tanzende professionelle Truppen – galt dem Erarbeiten
eines Fundamentes in der Gestalt eines klar definierten, lehr- und lernba-
ren Formenkanons, der Körper und Geist auf die Anforderungen für tänzerischen Flamenco-Ausdruck vorbereiten sollte. Und mit so geschulten
professionellen Tanzenden hat sie dann auch choreographische Meisterwerke geschaffen, die nicht nur als erweiterte Folklore erfreulich sind,
sondern zu wichtigen eigenständigen choreographischen Schöpfungen des
Bühnentanzes allgemein in den letzten Jahrzehnten des vergangenen Jahrhunderts gehören.

Nun ist Flamenco aber Tanz und Musik, es kann sogar die Musik sehr
wohl für sich alleine bestehen, aber kaum der Tanz ohne sie. Und dass so
rundum authentisch wirkende Tanzwerke entstehen konnten, hängt damit
zusammen, dass Susana bei dem Kreieren ihrer Choreografien in Antonio

Susanas Centaura

Die Centaura von Brigitta Luisa Merki   *Foto Alex Spichale*

Robledo einen Komponisten zur Seite hatte, der im Musikalischen den gleichen Weg ging: Er machte aus den harmonisch und rhythmisch so unverkennbaren Elementen des Flamenco Musikstücke, denen ganz die fordernde Dynamik und der weitschwingende Fluss des Ursprunges innewohnt, ebenso wie dessen Klage und Jubel. So entstanden ganz eigenständige Kompositionen, die Robledo in Spanien auch im Konzertsaal zum umjubelten Flamencokomponisten werden liessen. Und stammt doch aus Ostpreussen! Flamenco en route.

Und so standen Susana und Robledo da mit Werken und mit Ideen. Aber wie sollten Aufführungen zustande kommen? Selten, ganz selten gab eine der grossen Ballettkompanien die Möglichkeit dazu. Aber da tanzten dann doch immer nur gut spanisch geschulte klassische Tänzerinnen und Tänzer, die, obwohl meist hoch motiviert, nicht von innen heraus Flamencos waren und so die Intentionen von Susana und Antonio nie ganz zu realisieren vermochten. Eine von Grund aus spanisch geschulte und von innen heraus so gestaltende Truppe wäre von Nöten gewesen.

Und sie entstand, diese Truppe. Merkwürdigerweise nicht in Spanien. Nein, in der Schweiz. Mutig gegründet von einer Schweizerin, der es auch nicht an der Wiege gesungen worden war, dass sie eine weitere grosse Spanischtänzerin aus der Schweiz werden sollte. Brigitta Luisa Merki. Ihr Berufsweg führte sie vorerst nicht in die Kunst, die aber als Theaterleidenschaft einen wesentlichen Raum im Leben der jungen Frau einnahm. Und sie wurde Schülerin von Susana. Und dieser Unterricht nahm ihr Wesen immer mehr gefangen, er entfaltete immer mehr all die Affinitäten zu dieser Kunst, welche in ihr angelegt waren.

Und sie machte mutig aus der zu solch intensivem Leben erweckten Berufung ihren Beruf. Sie tanzte, sie unterrichtete, sie war Assistentin bei Susana. Und wollte eine Truppe gründen, als endlich adaequates Instrument für Susana und Antonio. Sie gründete die Flamencos en route. Und öffnete damit wirklich dem Flamenco einen grossen Weg. Im gänzlich untänzerischen Baden bei Zürich – malerisches altes Städtchen und moderner Indusrieort – entstand ein bis nach Spanien ausstrahlendes Zentrum von zu Ungewohntem aufbrechender Flamencokunst.

Susana, Brigitta Luisa Merki und Antonio Robledo

Die Truppe bestand aus wenigen aus den hiesigen Meisterklassen Susanas stammenden, zur Reife gelangten Schweizer Solistinnen, zu denen von Anfang an und im Laufe der Zeit immer öfter Tänzerinnen und Tänzer aus Spanien kamen. Mit dieser Truppe konnten Susana und Antonio ihre reifen Meisterwerke kreieren, in denen Brigitta Luisa wesentliche Rollen tanzte. Daneben hatte sie schon lange eigene Programme gestaltet. Und als Susana nicht mehr choreografierte, übernahm sie auch die künstlerische Leitung der Truppe.

Das brauchte Mut. Denn nun hatte sie auch noch die ganze künstlerische Verantwortung zu tragen, zusätzlich zu dem endlos immer neu schwierigen Kampf um die materielle Existenz der Truppe. Zwar hatte sich allgemein die Situation der Tanzkunst in der Schweiz geändert. Die Wellen der Tanzexplosion in der Westlichen Welt nach dem Zweiten Weltkrieg hatten auch die Schweiz erreicht, Schulen und Lehrkräfte verschiedenster Stilrichtung gab es nun in vielen Ortschaften, und allgemein hatte die Tanzkunst in immer zahlreicher angebotenen Vorstellungen ein breites und aufmerksames Publikum gefunden. Viele Künstlerinnen und Künstler

Susana   *Foto Ros Ribas*

fanden Ausbildungsstätten und später in Ausübung ihres Berufes Erfolg
und Anerkennung auf den Brettern, die die Welt bedeuten. Doch waren
diese Bretter für sie nach wie vor ein harter Holzboden. Denn, wenn auch
– zuerst nur sehr, sehr zögerlich – langsam öffentliche Gelder zu fliessen,
oft auch nur zu tröpfeln begannen, so blieb der rein materielle Überlebenskampf für die einzelnen doch immer kräftverschleissend hart.

Das war nicht anders für die *Flamencos en route*, obwohl sie von Anfang
an auf bestes, auch internationales Echo stiessen. Trotzdem war es von
Anfang an bis heute ein fast tägliches Ringen ums Überleben. Und das seit
zwanzig Jahren. Ein derart aufreibendes Management wäre neben der
anspruchsvollen künstlerischen Arbeit von Brigitta Luisa allein gar nicht
so zu leisten gewesen. Und obwohl wir gemeinhin zwischen Management
und Kunst trennscharf unterscheiden, so ist im Falle einer solchen Truppe
ein überlebenssicherndes Management ein grosses, echtes Kunststück.
Und Peter Hartmeier, der dieses Management an der Seite von Brigitta

Luisa leistet, ist ein echter Künstler dieses Faches. Der seinen umfassenden Einsatz im Organisatorischen, im Technischen, im Finanziellen, im Tragend-Unterstützenden voll und ganz auf das Eine ausrichtet, darauf nämlich, dass das Kunstgeschehen dieser Truppe sich entfalten kann. Und in dieser lebendig erfüllten Form ohne ihn nicht stattgefunden hätte und nicht stattfinden könnte. Das Jubiläumsjahr nun brachte ideelle und materielle Anerkennung und Hilfe: Brigitta Luisa erhielt den Hans Reinhart-Ring, und der Truppe wurde für die Zukunft stabilere finanzielle Unterstützung zugesprochen.

Das bedeutet eine stabilere materielle Grundlage für das künstlerische Schaffen von Brigitta Luisa. Es erfolgt von der gleichen geistig-künstlerischen Basis aus wie das von Susana. Auch musikalisch konnte sie auf dem gleichen Fundament weiterfahren, in der Zusammenarbeit mit Robledo. Und geblieben ist der verpflichtende Anspruch auf einen in sich stimmigen, dramaturgisch durchstrukturierten Ablauf des tänzerisch-szenischen Geschehens.

Aber Brigitta Luisa kopiert nicht, sie drückt sich in ihrer eigenen Formsprache aus. Und damit bleibt der Flamenco weiterhin unterwegs, en route. Sie hat weitere Themen und Inhalte zu überzeugendem Flamenco-Tanztheater gemacht, sie hat auch die Tanzsprache erweitert und modern dance neben den Flamenco gestellt und auch mit ihm verbunden. Dabei haben auch das musikalische Geschehen und die szenische Bildwelt entsprechend veränderte Gestaltung erfahren.

Ein Thema, das für Susana schon zentral war, spielt auch im Schaffen von Brigitta Luisa eine wesentliche Rolle und ist zu einem tragenden Element der Kontinuität geworden: Frauentypen und Frauenschicksale. Es mag äusserlich damit zusammenhängen, dass immer wieder mehr Solistinnen zur Verfügung standen als Solisten. Aber dass aus dieser Konstellation nicht einfach gehäuft rein formale Frauenchoreografien entstanden, zeigt, dass das Thema für beide Künstlerinnen ein tief inneres Gestaltungsanliegen darstellt. So hat Susana in *A Juan* nicht den berühmt berüchtigten Verführer choreografisch durchgestaltet, sondern die ganz unterschiedlichen Typen von Frauen, in deren Leben er einbricht, gestaltet als Einzelne, die gleichzeitig für viele stehen. Und Brigitta Luisa zeigt in canto nómada an einer Gruppe wandernder Frauen in prägnanter Verdichtung unbehaust wanderndes Dasein an eindrücklichen Frauenschicksalen, die für das Typische stehen und doch im Moment individuell berührend sind. Dabei wird eine Vielfalt weiblicher Erscheinungsformen und Wandlungs-möglichkeiten sichtbar. Diesen Aspekt von fliessender weiblicher Iden-tität verdichtet sich in der Gestalt der Centaura, die von Susana in knapp-ster Andeutung und doch zwingend auf die Bühne gebracht und von Brigitta Luisa in packender Intensität weitergeführt wurde.

Es ist vielleicht kein Zufall, dass Susana und Brigitta Luisa sich dieser Mischgestalt zugewandt haben. Stellen doch beide in ihrer menschlich-künstlerischen Existenz so etwas wie Mischwesen dar, so schweizerisch und so spanisch zugleich, mit dem Mut – und der Kraft –, keinen der bei-den Aspekte zu unterdrücken oder zu forcieren, mit dem Mut, sich dieser Spannung immer neu zu stellen und an beiden Welten gleichermassen Teil zu haben.

Und es ist wohl auch kein Zufall, dass der Begriff *Flamencos en route* aus ihrer künstlerischen Erfahrung stammt und dass dieser Weg so intensiv und beispielhaft von der Schweiz aus beschritten wird. Die zwei wurden nicht, ebenso wenig wie Antonio Robledo, in die Welt des Flamenco hin-eingeboren, sie alle hatten zuerst den Weg in diese Welt hinein zu suchen, auf ihrer inneren Wanderschaft haben sie ihn gefunden und wandern nun auf ihm weiter. *Flamencos en route.*

Ein Mann mit drei Namen

Armin Janssen – Pianist
Antonio Robledo – Komponist
Armiño – der Freund

Von Sylvia Garcia

Ein Mann mit drei Namen: Armin Janssen, Antonio Robledo, Armiño. Man weiss wenig über ihn. Er hat die Öffentlichkeit nie gesucht. Das Wort Public Relations, für ihn ein Fremdwort, wenn es um seine Person geht.

Geboren wurde er in Hannover als Sohn eines Baptistenpredigers. Zur Familie gehörten noch drei Schwestern. Man lebte erst in Danzig, später, Armin war inzwischen 16 Jahre alt, auf dem Familiensitz in Königsberg (Ostpreussen), bis Kriegsende 1945. Das Milieu daheim war sehr kirchlich. Kino und Theater kamen nicht in Frage, kaum ein Konzert, höchstens bei wirklich guter, möglichst geistlicher Musik. Lange Zeit bestand in Janssens Jugend sein musikalisches Tun darin, baptistische Choräle zu harmonisieren. Er tat diese Pflichtübung halt in seiner Weise.

Durch Kriegs- und Nachkriegswirren kam er aus dem heimatlichen Ostpreussen in den Süden Deutschlands, nach Freiburg im Breisgau. Er entfernte sich nicht nur räumlich, sondern auch innerlich immer weiter von der engen väterlichen Welt. Seine Liebe zur Musik erfüllte sich im Kla-

Antonio Robledo

vierstudium im schwer zerstören Freiburg der Nachkriegszeit. Er war auf bestem Weg, ein erfolgreicher klassischer Konzertpianist zu werden. Zur schicksalhaften Begegnung kam es, als in der Stadt ein kleines Tanzensemble gastierte. Sein Professor, der Grosses mit ihm im Sinn hatte, ihn bereits als Klaviervirtuose sah, empfahl ihn der Spanischtanztruppe als Ersatzpianist. Unbeschwert ging er hin, in die Vorstellung von *Susana y José*, ohne je von iberischer Folklore und Glut etwas gehört zu haben. Der Blitz schlug in dieser ersten Vorstellung nicht nur in Bezug auf die Flamencokunst ein. Da war diese junge, feurige, hinreissende Tänzerin, Susana. Aus dieser ersten Begegnung wurde ein Lebensweg zu zweit, von seltener menschlicher und künstlerischer Gemeinsamkeit und Verbundenheit.

Es brauchte den Anstoss der unerwarteten Begegnung, um die Möglichkeiten zu ganz anderen Welten, die in ihm angelegt waren, Wirklichkeit werden zu lassen. Dass er seinen berühmten Professor mehr als verstimmt hat, als er einen anderen als den scheinbar vorgezeichneten Weg ging, nahm er mit Gelassenheit. Die Entwicklung vom Pianisten Armin Janssen zum Komponisten Antonio Robledo, der die spanische Musik ganz zu seiner Eigenen machte, war trotz seiner angeborenen Begabung mühselig. Unentwegt war er auf der Suche nach dem Erkennen ihrer rhythmischen Strukturen. Strukturen, die sich in dem, was unmittelbar zu hören ist, kaum mehr wahrnehmen lassen. Dabei wurde ihm auch klar, dass sie in unserem Notensystem gar nicht richtig erfasst werden können. Nie wollte er Folklore kopieren oder vortäuschen. Den gestalteten Kunstausdruck wollte er finden, der – aufgebaut aus den Elementen der Volkskunst – deren Charakter und Atmosphäre wiedergeben sollte. Es war ein ganz eigener Weg, den er zu gehen hatte, zum Teil in Abwendung von seinem Herkommen. Für ihn hiess es nicht, dieses zu verleugnen. Die Klarheit Ostpreussens ist Teil von ihm, genau so wie die Glut Spaniens.

Für Susana y José war die Suche nach einem adäquaten musikalischen Interpreten und einem eigenen Komponisten mit dem Erscheinen von Armin Janssen beendet. In ihm fanden sie den Musiker, der ihnen in genialer Weise zur Seite stand. Er war nicht bloss ein hervorragender Begleiter am Klavier, sondern ein Pianist, der die Seele der Spanier verstand, ihre Musik im wahrsten Sinne des Wortes interpretierte. Er war der Komponist, der in seinen eigenen Werken das Wesen der spanischen Musik erfasste und ureigene Melodien erfand, die sich von der Art der Originalmusik in keiner Weise unterschieden und trotzdem nicht nur blosse Imitationen waren.

Der Begleiter

Während Jahren war Armin Janssen Stunden lang der aufmerksame und dienende Begleiter am Klavier. Zum abertausendsten Mal spielte er für die Absolventen und unübersehbar viele Absolventinnen von Kursen in Spanischtanz dieselben Grundrhythmen und Melodien. Selbst in diesem sich scheinbar endlos wiederholenden Tun wurde es nie ein abgeleierter Duktus, stets blieb der Atem lebendiger Musik erhalten. So kann nur ein Mann Tanzstunden begleiten, der von innen heraus Musiker ist, sei es als Korrepetitor oder als schöpferischer Komponist.

Antonio Robledo und Susana auf der Probe   Foto Christian Altorfer

Begleiter, in ganz anderem Sinn, war und ist er seit zwanzig Jahren für *Flamencos en route.* Mit ihnen ist er auf einen Weg gegangen, der die Formen des Flamenco hoch hält und dennoch Mittel verwendet, die ungewohnt, neu, modern sind: Den Einsatz von Sprache, von Sprechchor bis hin zu innovativen Musikformen. Begonnen hat es mit *Obsesión* (Besessenheit), uraufgeführt 1985. Die musikalische Basis dieses Werkes ist ein alter, heute kaum noch bekannter Flamencogesang, eine Bambera. Sie erklingt am Anfang in ihrer ursprünglichen Form. Später sind verschiedene Gesänge inhaltliche Träger der einzelnen Szenen: Saetas (Prozessionsgesänge), Nanas (Wiegenlieder), Tarantos (Minnegesänge) und andalusische Volkslieder. Sie werden begleitet von authentischen Instrumentalisten. Flöte, Trommeln, Gitarre, Kastagnetten. Harfe, Orgel, Klavier und Schlagzeug bilden dazu den überraschenden Kontrast und schaffen eine eindringliche klangliche Dramatik.

In der musikalischen Auseinandersetzung wird deutlich, dass sich diese Kultur aus dem eigentlich spanischen Volksgut heraus entwickelt hat. Vor allem im Gesang ist der kulturelle Bogen sichtbar, sind Verwandtschaften und Wurzeln aus verschiedenen regionalen Kulturbereichen erkennbar. Folklore, aus welchen Quellen sie auch entspringen mag, wird über das Naturhafte hinaus erst zur Kunstform erhoben.

Dialog zwischen Tradition und Moderne

Antonio Robledo gelingt in seinen Kompositionen die einzigartige Verbindung der symphonischen Konzertwelt mit den archaischen Klängen des Flamencogesangs, als dessen profunder Kenner er sich beweist. Seine Beherrschung des Rhythmus und der musikalischen Strukturen dieser Gesänge, die er in seinen symphonischen Werken verarbeitet, lassen eine Musik hörbar werden, in der es weder Grenzen noch Rassen gibt, in der allein die Schönheit und Aussagekraft zählen. Es entsteht die einmalige Kombination eines einfühlsam gelebten Dialoges zwischen Tradition und Moderne. Nie sind seine unverwechselbaren Tanzpartituren in ihrer Kraft und Prägnanz blosse Klangkulissen, nie blosses Illustrieren einer schon vorgegebenen Tanzsituation. Sie werden zusammen mit der Choreografie zu eindrücklichen Szenen von selten erlebter musikalisch-tänzerischer Geschlossenheit.

Musik für das Konzertpodium

Seine Kompositionen bewähren sich unabhängig vom Tanz auf dem Konzertpodium. Aus jahrzehntelangem Studium hat Antonio Robledo die alte Flamenco-Musik fortgeschrieben und zugleich weiter entwickelt. Dabei zeigt er die Verbindung auf, die zwischen der phrygischen Tonart, respektive der dorischen, deren Gesetzen die Flamencomusik gehorcht, und unserem heutigen tonalen und atonalen Klangbild besteht. Fruchtbar gemacht hat Robledo dies in seinen *Fantasias de cante jondo para voz flamenca y orchesta*. Das Werk erfuhr 1986 eine umjubelte Uraufführung im Teatro Real in Madrid mit dem berühmten Flamencosänger Enrique Morente und dem Madrider Symphonieorchester und wurde 1987 in der Mezquita in Cordoba erneut aufgeführt. Auf ausgedehnte Tournee ging ab 1990 während fünf Jahren *Alegro Soleá* (para voz flamenca, Enrique

Morente, piano y orchesta de cuerda). Eine Hauptschwierigkeit für den Komponisten ist dabei, dem Flamencosänger zeitlich und harmonisch einen Freiraum zu lassen. Es wurde ein Experiment mit sensationellem Erfolg. Bedauerlich nur, dass davon in der Schweiz, ausser im kleinen Insiderkreis, kaum Kenntnis genommen wurde.

«Andando se hace camino» (im Gehen entsteht der Weg) sagt man in Spanien. Antonio Robledo ist seinen Weg gegangen, wird ihn hoffentlich erfolgreich weiter gehen. Er hat uns mit seiner Musik unendlich reich beschenkt.

Neben seinen Ballettkompositionen und Konzertstücken schuf Antonio Robledo auch ein Schulwerk für spanischen Tanz. Es ist für viele Tanzpädagogen dieser Sparte zu einem bewährten Unterrichtsmaterial geworden.

Auszeichnungen

1985 Oscar für den Dokumentarfilm *Flamenco at 5.15* mit der National Ballet School in Toronto.
1990 Auszeichnung der Schweizerischen Doron-Preis-Stiftung (gemeinsam für Susana und Antonio Robledo).

Werke

Ballette

Romance Carmen y Don José, (Música para cante, guitarra, piano y percusión).
La Celestina (Para cantaora y cantaor flamenco, oboe, guitarra clasica y flamenca, piano y percusión)
Los siete puñales (Ballet español en tres partes para orquesta / Ballet Nacional Toronto, Canada)
Soledad (Ballet español para orquesta / Ballet de la Opéra de Zürich)
Obsesión (Composición realizada sobre temas de Enrique Morente / Flamencos en route)
El canto nómada (4 voces, voz flamenca, piano, percusión / Flamencos en route)
Soleá and the Winds (quinteto de cuerda, piano, oboe, percusión / Flamencos en route)

Konzerte

Fantasias de cante jondo (1986, para voz flamenca y orquesta)
Alegro Soleá (1990, para voz flamenca, piano y orquesta de cuerda)

Tourneen

Madrid, Teatro Real (*Fantasias*) 1986
Cordoba, Mezquita (*Fantasias*) 1987
Sevilla, Reales Alcazares (*Alegro Soleá*) 1990
Cadiz, Teatro Falla (*Alegro Soleá*) 1990

Granada, Palacios de Carlos V, Festival int. de música y danza (*Fantasias / Alegro Soleá*) 1992
Cordoba, Mezquita (*Alegro Soleá*) 1992
Almería (*Alegro Soleá*) 1992
Paris, Cité de la musique (*Alegro Soleá*) 1995
Madrid, Teatro de la Zarzuela (*Alegro Soleá*) 1995
Zürich, Theaterhaus Gessnerallee (*Alegro Soleá*) 1997

«Prägend für meine Arbeit ist meine Herkunft vom Theater»

Flamenco choreografieren

Hansueli W. Moser-Ehinger

«Für meine Arbeit in *Flamencos en route* ist von prägender Bedeutung, dass ich vom Theater her komme,» sagt Brigitta Luisa Merki, «genauer: vom Schauspiel.» Sie spielte in jenem Ensemble der Badener *Claque*, das zu den Truppen gehörte, die mit der «Erfindung» des freien Theaters ein wichtiges Kapitel der neueren Schweizer Theatergeschichte geschrieben haben. Zwar hat sie schon als Kind getanzt, die Freude am Tanz nie verloren – aber dass sie sich 1972 in Zürich in eine Open Class der Flamenco-Pädagogin Susana einschrieb, war eher als Freizeitvergnügen gedacht. Und obwohl Susana die Begabung ihrer jungen Schülerin schnell erkannte und ihre Entwicklung nach Kräften förderte, dachte Brigitta Luisa lange nicht an eine Tänzerinnen-Karriere. Definitiv «den Ärmel hineingenommen» hat es ihr erst 1983, als Susana am Opernhaus Zürich die Tanzphantasie *Soledad* choreografierte und ihrer Meisterschülerin die Assistenz anvertraute – und mit der Infantin eine der Hauptrollen zu tanzen gab, als die Primaballerina des Opernhauses, Madeleine Stierli, wegen Schwangerschaft pausieren musste. Nur ein Jahr später war es dann so weit: Brigitta Luisa Merki gründete die *Tanzcompagnie Flamencos en route* mit der Meisterin als künstlerischer Leiterin, und vier andere Schülerinnen von Susana entschlossen sich zum Mitmachen an diesem Abenteuer. Dass die Beteiligten aus nicht weniger als fünf Nationen stammten, begründete die bis heute bewahrte Internationalität der Truppe – es erwies sich aber auch als irritierend bei denen, die die «glühende Spanierin» suchten (und beim Raten meist falsch, nämlich auf die Schwedin tippten...).

Brigitta Luisa Merki   *FotoAlex Spichale*

Geboren wurde Brigitta Luisa Merki in Wettingen als zweitjüngstes von sechs Geschwistern. Ihre erste Begegnung mit dem Theater hatte sie an der Kantonsschule Baden, wo ihr Spanischlehrer Fritz Angst, berühmt unter seinem Autorennamen Fritz Zorn, für die Schulheatergruppe *La Farandula* Stücke geschrieben hatte. Nach der Matur liess sie sich zur Primarlehrerin ausbilden und unterrichtete dann während vier Jahren sieben- bis zehnjährige Kinder, bis sie sich nach der privaten Ausbildung bei Fachkräften der Schauspielschule Zürich am Theater engagierte – drei Jahre lang vorwiegend in der *Claque*, aber auch in anderen Formationen. Die Ausbildung durch Susana ergänzte sie in Spanien, wohin die Meisterin alle ihre guten Schülerinnen schickte: «Dann sehen sie, ob sie dazugehören, dann wissen sie, was es geschlagen hat.» Brigitta Luisa lernte und arbeitete an der legendären Madrider Schule *Amor de Dios* bei Maria Magdalena, Ciro, Paco Fernandez, Tomas de Madrid, La Tati und anderen sowie im Privatstudio von *Mercedes y Albano*.

So wichtig die Ausbildung im «reinen» Flamenco war, blieb sie für die junge Tänzerin vor allem Grundlage für das, was Susana entwickelt hatte: Tanztheater in der «Sprache» des Formenkanons des Flamenco. Dass dazu die Beherrschung der «Grammatik» und «Syntax» dieser Tanz-sprache unerlässlich ist, versteht sich von selbst – und die ist undenkbar ohne Eintauchen in die komplexe tänzerische, musikalische und sprachliche Tradition des Flamenco, das sich nur in seinem Ursprungsgebiet erleben lässt.

Auf dieser Grundlage entstehen alle die Dialoge, die ihr so wichtig sind, sagt Brigitta Luisa: «Der Dialog ist ureigenes Element des Flamenco. In der reinsten Form erlebst du die Intimität des Dialogs zwischen einem Musiker und einem Sänger, zwischen einer Tänzerin und einer Sängerin, aber auch zwischen den beteiligten Künstlerinnen und Künstlern und ihrem Publikum; der Flamenco hat in seiner authentischen Kraft das Moment einer persönlichen Entäusserung – ohne Blossstellung, aber kompromisslos.»

Ihre Hauptaufgabe sieht Brigitta Luisa darin, diese Wahrhaftigkeit des persönlichen Ausdrucks auf die Bühne zu bringen, aus der Intimität in einen gewissermassen fremden Raum, den Bühnenraum, das Theater. Das scheint nicht nur für Puristen ein Ding der Unmöglichkeit – es ist wirklich unmöglich, den Flamenco oder die Fiesta im Hinterhof «wörtlich» auf die Bühne zu bringen. Daraus entstände der folkloristische Abklatsch, ja Kitsch, der dem Ansehen des Flamenco bei Ausländern so enorm geschadet hat – und bei Veranstaltern nicht selten die Reaktion «Flamenco? Bei mir lieber nicht!» auslöst.

Der Erfolg der Arbeit von Flamencos en route hängt also weitestgehend von der theatralischen, dramaturgischen Umsetzung dessen ab, was Brigitta Luisa in ihren Kreationen erzählen will. «Aus dieser Notwendigkeit heraus suche ich ständig den Dialog mit Künstlerinnen und Künstlern aus

anderen Kunstsparten – Gillian White als Plastikerin, Herta Eppler-Joggi
als Malerin und freie Gestalterin, Colin Connor als Choreograf für zeitgenössischen Tanz, aber auch mit weiten Gebieten der Literatur, vor
allem der Lyrik, abgesehen von Musikern der verschiedensten Stil-
richtungen, und natürlich Antonio Robledo, der als Musiker ebenso mit
dem Flamenco umgeht wie ich als Choreografin. Im Idealfall entsteht daraus ein Abbild dessen, was Flamenco im Grunde ist und immer war – ein
Konglomerat aus verschiedensten kulturellen Einflüssen und Kräften».

Ebenso bedeutend ist die Auseinandersetzung mit den Beteiligten,
Tänzerinnen und Tänzern, Sängerinnen und Sängern, Musikern und
Musikerinnen – denn nur in der Anerkennung ihrer individuellen
Ausdrucksmöglichkeiten kann wiederum das entstehen, was den
Flamenco ausmacht. Wie sich das erreichen lasse, wie eine solche Über-
einstimmung ohne Beschneidung der Freiheit der Interpreten hergestellt
werden könne, habe sie von Susana gelernt: «In den Choreografien, die
Susana in den ersten Jahren von Flamencos en route für uns schuf, hat sie
für jede von uns gewissermassen eigene Choreografien entwickelt, genau
auf uns ausgerichtet – keine von uns war austauschbar. Und genau so hat
auch Antonio Robledo seine Musik uns Tänzerinnen und Tänzern auf
den Leib geschrieben.»

Darum fängt Brigitta Luisa heute ihre Choreografien jeweilen beim
Nullpunkt an. Alle Tänzerinnen und Tänzer, Sängerinnen und Sänger,
Musikerinnen und Musiker sind von der ersten Probe an dabei, und in
der gemeinsamen Arbeit finden sie in Improvisationen die «Partitur» zu
Bewegung und Rhythmus. Alle tasten sich aneinander heran, loten die
möglichen Beziehungen im von der Choreografin festgelegten oder
zumindest vorgeschlagenen erzählerischen, bildhaften und musikalischen
Rahmen aus.

Der Geist dieser Arbeitsweise ist von Susana geprägt worden: es geht
darum, die Vorgaben nicht nur für das Werk, sondern auch für jede der
beteiligten Personen bestmöglich umzusetzen. Das verlangt von der
Choreografin die Fähigkeit, zu erkennen, wozu die Einzelnen fähig und
bereit sind – sie sind alles andere als «tänzerisches Material». Das wiederum setzt voraus, dass alle Beteiligten auf hohem solistischem Niveau

Brigitta Luisa Merki in Centauras y Flamenca   *Foto Alex Spichale*

sind; in Programmen von Flamencos en route gab es nie ein «corps de ballet», sondern immer ausschliesslich Solisten. Damit verschiebt sich aber auch das Autoritätsverhältnis zwischen der Choreografin einer- und den Tänzerinnen und Tänzern anderseits: die Auseinandersetzungen werden härter, an Stelle von Befehlsgewalt tritt die Überzeugungsfähigkeit, das Schaffen von Vertrauen. Dass die Beteiligten während der Probenphase und der Tournee nicht nur gemeinsam arbeiten, sondern auch (beispielsweise als Spanierinnen im Baden) in der Regel in einem fremden Land, dessen Sprache sie nicht sprechen, gemeinsam wohnen, kann dazu eine gute Voraussetzung sein; dass es auch zusätzlichen Konflikststoff schafft, ist nicht zu vernachlässigen. Diese Arbeitsweise führt im Idealfall dazu, dass die Interpreten sich identifizieren mit der Produktion, sich das Stück zu eigen machen – «es gehört dann allen, nicht mehr mir, im besten Fall kann ich es loslassen».

Losgelassen hat auch Susana, indem sie Brigitta Luisa die Arbeit weiterführen liess, ohne sie auf eine bestimmte Umsetzung der Idee Flamencos en route zu verpflichten – und sich auch in dieser Beziehung als wahre Meisterin erwies. «Sie hat das Fundament gelegt, hat die Voraussetzungen geschaffen, die Umsetzung aber mir überlassen.» Das gilt auch für die Themenwahl: hatte sich Susanna vor allem auf spanische Stoffe (Don Juan, Don Quijote oder vom Werk Federico Garcia Lorcas inspirierte Figuren) konzentriert, so fasst Brigitta Luisa den Spielraum weiter, indem sie – etwa bei *Solea and the Winds* – die Auseinandersetzung auch mit einer anderen tänzerischen Stilrichtung wagt. Bezeichnenderweise stossen solche Wagnisse vor allem innerhalb der «Zunft» auf Widerstand, beispielsweise bei der Kritik, werden aber vom Publikum viel offener aufgenommen.

«Meine Überraschung dabei war, dass ich bei diesem Dialog mit dem ‹zeitgenössischen Tanz› den Flamenco gewissermassen neu erfahren habe: seine Einzigartigkeit in Bezug auf Präzision und Genauigkeit, seine Eindeutigkeit und Emotionalität – und dass im Flamenco immer der Mensch im Zentrum steht, seine Individualität. Darum ist der Flamenco ideal für die theatralische Umsetzung.»

Flamencos en route: der Beginn

Man sieht klarer, wenn man nicht ganz in der Suppe aufgewachsen ist

Von Hansueli W. Moser-Ehinger

Obsesión heisst das Programm, mit dem die neue *Tanzcompagnie Flamencos en route* am 10. April 1985 im Kurtheater in Baden ihre erste Tournee startet. Besessenheit ist mehr als bloss der Titel des Abends – das Wort steht auch für das Engagement der fünf Tänzerinnen, die in der Choreografie von Susana und mit der Musik von Antonio Robledo einen neuen Weg gehen.

Der Flamenco steht ausserhalb der iberischen Halbinsel sozusagen für den spanischen Tanz an sich. Ihm haben sich die fünf Tänzerinnen verschrieben, die sich nun auf Initiative der Aargauerin Brigitta Luisa Merki zusammengefunden haben zu einem Projekt, das die bisher üblichen Massstäbe sprengt. «Flamencos en route reiht nicht einfach (was an sich schon schwer genug ist) Nummern aneinander, sondern nutzt den Flamenco als «choreographische Sprache» für das Tanzstück *Obsesión*, das dem Abend den Namen gibt.

Nur eine der fünf tanzenden Frauen ist Spanierin: Antonia Mena, nach umfassender Ausbildung in spanischem Tanz seit 1956 Mitglied renommierter Ballett- und Folkloregruppen ihrer Heimat. Der Schwedin Jannie Berggren und den Schweizerinnen Brigitta Luisa Merki, Dominique

Schneider-Lasaki und Teresa Martin ist gemeinsam, dass sie Schülerinnen (und heute zum Teil Mitarbeiterinnen) von Susana sind – eben der Schweizerin, die seit den vierziger Jahren massgeblich beteiligt ist am Siegeszug des Flamenco als einer eigenständigen, über die Folklore hinausgewachsenen Tanzform.

Susana und ihr Partner Udaeta gehörten zu den legendären Tanzpaaren überhaupt: fünfzwanzig Jahre lang haben sie als Susana y José in einer der künstlerisch fruchtbarsten Partnerschaften der Tanzgeschichte im spanischen Tanz auf der Bühne Massstäbe gesetzt. Seit ihrem Rückzug von der Bühne ist Susana kaum an ihrem Wohnort Zürich zu treffen – sie unterrichtet nicht nur an der Mudra-Schule bei Maurice Bejart in Brüssel und an der kanandischen National Ballet School in Toronto, sie arbeitete und arbeitet auch mit renommierten Balletttruppen. So hat sie, um nur eine Arbeit zu nennen, 1982/83 am Opernhaus Zürich die Tanzphantasie *Soledad* kreiert.

Am Tanzprojekt *Obsesión* habe sie vor allem fasziniert, für einmal nicht mit Tänzern zu arbeiten, die spanischen Tanz überhaupt und Flamenco im besonderen lediglich im Rahmen konventioneller Ballettarbeit praktizieren. Sie könne zwar manchenorts mit exzellenten Leuten und Truppen arbeiten – aber eben nicht mit entsprechend ausgebildeten, auf spanischen Tanz spezialisierten Leuten. «Die Tänzerinnen hier bringen ihr eigenes Material in den Arbeitsprozess ein. Dadurch ergibt sich die Möglichkeit, durch gemeinsame Improvisationen choreographische Formen zu entwickeln und formal und inhaltlich ein Ganzes zu schaffen, ohne dass die starke Ausdruckskraft des Individuums verloren geht.»

Tatsächlich handelt es sich bei den fünf Frauen, die im ersten Teil des Abends *Obsesión* tanzen, um Flamencotänzerinnen, die sich längst mit Soloprogrammen hervorgetan haben. Brigitta Luisa Merki z.B. hat den Versuch gewagt, in ihren Abend *Fantasias de una Flamenca* den Schauspieler Peter Fischli mit Texten u.a. von Lorca und den Pianisten Jürg Fehr «einzubauen». Teresa Martin war mit dem Pianisten Luc Devos mit *Inspiraciones andaluces* auf Tournee; an den Musikfestwochen Luzern 1974 hat sie in eigener Choreografie *Trois Danses* und *Fantaisie sur des Rhythmes Flamenco* ihres Vaters Frank Martin uraufgeführt und im selben Jahr am Opernhaus Zürich in der Uraufführung von dessen Oper *Der Sturm* die Rolle des Ariel rhythmisch gesprochen, gemimt und getanzt.

Für Susana ist nicht zuletzt wichtig, dass «ihre» Tänzerinnen nicht in Klischees stecken bleiben. «Ich bin natürlich päpstlicher als der Papst», sagt sie – sehr verbunden mit der Tradition. Tatsächlich drücke man sich in «Fremdsprachen» oft präziser aus, analysiere sie sorgfältiger als die (vermeintlich selbstverständlichen) eigenen; sie erlebe oft an Spaniern, die lediglich in ihrer Heimat gelernt haben, dass sie über Strukturen ihrer Tänze weniger Bescheid wüssten als Nichtspanier. «Man sieht klarer, wenn man nicht ganz in der Suppe aufgewachsen ist.»

Obsesión belegt diese Aufassung. Seinen Ursprung hat das Stück aus ei nem Arbeits- und Improvisationsmonat letzten Herbst. Fünf «archettypische» Frauen – Mutter, Heilige, Amazone, Hetäre, Naive – werden konfrontiert mit einer Männerstimme (Enrique Morente) ab Band, suchen mit ihr Kontakt aufzunehmen, ihr Prinzip durchzusetzen, geraten in Konflikt mit den anderen, brechen in Emotionen aus. Da ist von Folklore nichts mehr zu spüren, ist der Flamenco Form, Tanzsprache, in aller Körperlichkeit Abstraktion.

Bewusst im Gegensatz dazu steht der zweite Teil des Abends, *Jardin des Alegrias und Jaleo*. In diesem Garten der Fröhlichkeit, der Lebensfreude singt Juan Cantero, spielen Jose Maya «Marote» und Jürg Gerster Gitarre, haben die fünf Tänzerinnen in Joaquin Ruiz vor allem auch einen männlichen Partner. Die Musik für beide Teile hat Antonio Robledo geschrieben, Susanas Ehemann – musikalisch eigenständige Werke, die ebenso aus der spanischen Folklore herauswachsen, sie überhöhen wie der Tanz. Alegrias seien eigentlich Gesänge mit einem bestimmten Rhythmus, seien dominiert von Helligkeit – im Gegensatz zum Flamenco, der immer tragisch sei.

Dass sie und ihr Gatte mitmachten, sich einsetzten für diese Arbeit, geschehe aber auch darum, weil sie die Schwierigkeiten eines solchen Unternehmens kenne, sagt Susana. «Vom Talent kann man heute nicht mehr leben wie José und ich – schon allein wegen der Transportkosten nicht.» Brigitta Luisa Merki bestätigt die Probleme: Trotz grosszügiger Hilfe

durch manche Institutionen und Organisationen sei der Aufwand noch
lange nicht gedeckt – auch wenn die Mädchen beispielsweise nach einem
mit Training und Proben gefüllten Tag nachts die Kostüme selber nähen.
Sie hoffen deshalb, dass die April-Vorstellungen ihnen für die geplante
Herbsttournee die nötige Nachfrage nach Engagements bringen.

*Dieser Artikel wurde am 3. April 1985, also eine Woche vor der
ersten Premiere der Truppe* Flamencos en route, *im Rahmen der
wöchentlichen Reihe «Kulturspiegel» im Dienst der Schweizerischen
Depeschenagentur verbreitet und ist demnach eine der ersten, wenn
nicht überhaupt die erste journalistische Auseinandersetzung mit der
Truppe – und aus der ersten Begegnung des Herausgebers dieses
Jahrbuchs mit* Flamencos en route *entstanden.*

Ein Blick ins helvetische Kaleidoskop

Die Schweizer Tanzszene ist zwar nicht alt, aber bunt und in Bewegung

Von Christina Thurner

In vielen europäischen Ländern hat der Tanz lange, rühmliche Traditionen – nicht so in der Schweiz. Eine bewegungsfreudige Königin oder auch nur ein kunstinteressierter Fürst war den Eidgenossen halt nie vergönnt. Wo der Adel sich am Hofe traf, da wurden Bälle abgehalten; und die ambitioniertesten, besten Ballerinos und später auch Ballerinas machten dann den Tanz zu ihrem Beruf und wechselten vom Festsaal auf die Bühne. Das aufstrebende Bürgertum führte und entwickelte die höfische Tanztradition weiter, und so schrieben die Akteure an den verschiedenen Aufführungsorten des Abendlandes mit ihren Körpern fortan Geschichten, zeichneten Bilder nachhaltig in die Luft.

Im Sankt Petersburger Mariinski-Theater etwa wacht Dornröschen mittlerweile schon länger als es je geschlafen hat, und auch die berühmten Ballett-Schwäne zogen zum Andante in h-moll vor über hundert Jahren auf russischen Kulissenseen ihre ersten Spuren. Kopenhagen hat die dänische Sylphide während mehr als hundertfünfzig Jahren nie vom Spielplan genommen; und in Paris verführen seit beinahe ebenso langer Zeit die Wilis im weissen Akt bis heute die Nachtschwärmer. Sogar das Frühlingsopfer, der einst so skandalöse *Sacre du printemps* von Waslaw Nijinski, feiert da bald sein erstes dreistelliges Bühnenwiegenfest.

Neben Frankreich haben auch die anderen Nationen, von denen die Schweiz direkt umgeben ist, Italien, Österreich und Deutschland, eine weit zurück-reichende Tanztradition. Im nördlichen Nachbarland schreibt insbesondere das Genre «Tanztheater» seit einigen Jahrzehnten, jenseits von höfischen Praktiken, jüngere, aber ebenfalls nicht mehr ganz junge Geschichte.

In unser Land hat es zwar immer wieder Tanzstars gezogen – ob zum Gast-spiel, zu Kursen und Workshops oder zur Erholung – aber auf Jahrhun-derte oder auch nur mehrere Jahrzehnte hinaus weltbewegende neue Be-wegungskunstformen blickt die Schweiz bisher nicht zurück. Spät haben die eidgenössischen Bühnen den Tanz entdeckt; im 19. Jahrhundert wurde dort noch vor allem musiziert und gesprochen. Zu Beginn des 20. Jahr-hunderts gastierten dann etwa in Genf internationale Grössen wie Isadora Duncan und die Ballets Russes, ein hauseigenes Ballett wurde da aber erst 1962 gegründet. Etwas schneller waren andere Städte. Am Zürcher Opernhaus beispielsweise existiert die Tanzkompanie seit 1926; sie erleb-te bei immer wieder neuen Leitungs- und Stilrichtungswechseln Hochs und Tiefs, aber wenig Konstanz.

An den Stadttheatern Bern und St. Gallen führten Hilde Baumann und Mara Jovanovits, beide unter anderem Palucca-Schülerinnen, je immerhin von 1939 bis in die 1950er Jahre kleine moderne Tanztruppen an. In Basel hatte das Ballett bisher zwei eigentliche Blütezeiten von längerer Dauer; eine unter der Leitung von Wazlaw Orlikowsky (1955–1967) und die andere unter Heinz Spoerli, der zunächst als Chefchoreograf (1973–1978) und dann als Ballettdirektor (1979–1991) in Basel wirkte; 1982 wurde ihm der Hans Reinhart-Ring zugesprochen.

Das Klischee von der langsamen Schweiz trifft bezüglich des Tanzes inso-fern zu, als dieser hierzulande später als in anderen Staaten institutionali-siert wurde. Das Vorurteil der Trägheit ist hingegen falsch, was den Wandel der stilistischen Ausrichtungen innerhalb der helvetischen Tanzszene betrifft; dieser hat sich nämlich jeweils vergleichsweise schnell vollzogen. Es bietet sich also an, mit Blick auf den Schweizer Tanz in kurzfristigeren Dimensionen zu denken, dann lassen sich auch in dieser schnelllebigen schweizerischen Bühnenwelt mittlerweile so etwas wie konstante, wenn auch ganz unterschiedliche Fixpunkte erkennen.

Einer dieser Tanz-Fixsterne, die sich bis heute durch beständige Leucht-kraft auszeichnen, ist die *Tanzcompagnie Flamencos en route* mit ihrer Leiterin Brigitta Luisa Merki, der 2004 der Hans Reinhart-Ring zuge-sprochen wurde, die höchste Auszeichnung im Theaterleben der Schweiz. Weitere sind der bereits genannte Heinz Spoerli, der inzwischen seit gut dreissig Jahren Ballettwerke choreografiert, ausserdem Noemi Lapzeson, die 1980 nach Genf gezogen und da seither künstlerisch aktiv geblieben ist, oder Maurice Béjart, der von seinen fünfzig Jahren als künstlerischer Kompanieleiter bald zwanzig in Lausanne verbracht hat. Sie – und noch einige andere – haben das schweizerische Tanzschaffen durch ihre Kons-tanz mitgeprägt, haben je verschiedene Stile hierzulande eingeführt oder kreiert, haben Tänzerinnen und Tänzer geholt oder ausgebildet, die sel-ber dann irgendwann ihre eigenen schöpferischen Wege gegangen sind. Neue Talente haben in den letzten Jahren auf sich aufmerksam gemacht, und einige sind auch schon wieder weiter gezogen. Inzwischen gibt es also auch über die hiesige Bewegungskunst einiges zu berichten.

In der Schweiz: Verschiedene Bühnen, Räume und Strukturen

Nehmen wir also einmal an, der Schweizer Tanz sei ein Kaleidoskop, das wir vor das Auge halten. Wir sehen farbige Glassteinchen in Bewegung. Während sich einige schneller drehen, bleiben andere stetig leuchtend eher an Ort. Lassen wir das Bild in eine Position rieseln, in jene des aktu-ellen Tanzes hierzulande, und schauen etwas genauer hin.

Er ist bunt, der Schweizer Tanz. Von Genf bis Zürich, von Locarno bis Basel, von St. Gallen bis Freiburg wird heute vielfältig und sehr unterschied-lich getanzt: klassisch oder zeitgenössisch, Flamenco oder Hip Hop, orien-talisch oder minimalistisch – und das nicht nur im modernen Theatersaal oder im neoklassizistischen Opernhaus, sondern auch in Fabrikhallen, Kornhäusern, Dampfzentralen oder auf Freilichtbühnen. Während heute an vielen institutionellen Schweizer Theatern Kontinuität sowie Qualität gefördert und Repertoires gepflegt werden, haben sich Tanz-Künstler/in-nen auch andere (Frei-)Räume für Experimente geschaffen. Die freie Tanzszene und die offiziellen helvetischen Häuser sind näher zusammen-gerückt, und es haben sich auch neue Strukturen gebildet.

Der Lausanner Choreograf Gilles Jobin, einstiges Enfant Terrible der Westschweizer Tanzszene, hat kürzlich für das Ballet du Grand Théâtre de Genève im offiziellen Saisonprogramm ein Stück, *Two-Thousand-And-Three*, choreografiert und war damit erst noch äusserst erfolgreich. Auch für das portugiesische Ballet Gulbenkian kreierte er ein Stück, *Delicado*.

Jobin ist kein Einzelfall. Auch andere Künstler/innen der freien Schweizer Tanzszene haben als Gastchoreograf/innen an Stadttheatern im In- und Ausland gewirkt, etwa der Genfer Foofwa d'Imobilité beim Bern Ballett und beim renommierten Nederlands Dans Theater, der Zürcher Philipp Egli als Choreograf und Tänzer beim Zürcher Ballett und die aus Brasilien nach Zürich übersiedelte Gisela Rocha unter anderem beim ballettmainz, das sehr erfolgreich vom Schweizer Martin Schläpfer geführt wird. Es wären noch weitere Beispiele zu nennen.

Der Austausch zwischen Off- und offizieller Kunst hat sich – in den meisten Fällen – gegenseitig befruchtend ausgewirkt. Vom Umdenken in den etablierten Institutionen profitieren Vertreter/innen der freien Szene insofern, als offenbar die Akzeptanz einer experimentell verstandenen Kunst steigt und sich ihnen so gelegentlich andere Auftritts- und Produktionsmöglichkeiten eröffnen. Die technische Infrastruktur an Theaterhäusern sowie eine feste Kompanie, bestehend aus hochqualifizierten Tänzer/innen, sind für sonst freiberufliche Choreograf/innen Herausforderung und Chance zugleich und können dem künstlerischen Fortkommen neue Facetten oder gar eine andere Richtung geben.

In den offziellen Häusern hat sich durch diesen Austausch nicht nur die Vielfalt des gezeigten Tanzes erweitert, auch die anderen Sparten, Schauspiel und Oper, liessen sich von der Bewegungskunst beeinflussen. Darüber hinaus mischen sich an Festivals wie etwa den Berner Tanztagen, dem La Bâtie oder Steps ebenfalls Stile, Sparten und Strukturen. Und auch die Grenzen zwischen den Landesteilen sind zumindest teilweise durchlässiger geworden. Für die Zukunft sind gar noch weitere Brücken versprochen. Im Moment werden immerhin gegenseitig vermehrt Gastspiele gegeben, auch wenn sonst im Tanzbereich bisher vorwiegend föderalistisch gedacht, gehandelt und gefördert wird. Mit Blick auf die verschiedenen Landesteile lassen sich zwar hinsichtlich stilistischer Ausrichtung einzelne lokale, regionale und institutionelle Eigenheiten beschreiben, im Ganzen betrachtet zeichnet sich der Schweizer Tanz jedoch durch eine heterogene Vielsprachigkeit aus.

In der Deutschschweiz: Neoklassisches Ballett bis surreales Tanztheater

Das breiteste Spektrum an Tanz in der Deutschschweiz bietet die Stadt Zürich. Am Opernhaus führt Heinz Spoerli seit 1996 erfolgreich das Zürcher Ballett. Es findet sowohl beim örtlichen Publikum grossen Anklang als auch auf Tourneen, die es unter anderem nach China oder ans traditionsreiche Bolschoi-Theater in Moskau geführt haben. Spoerli arbeitet mit traditionell klassischem ebenso wie mit zeitgenössischem Ballettvokabular. Das Repertoire der Truppe reicht denn auch – auf höchstem technischem Niveau – von Handlungsballetten wie *Romeo und Julia* oder *Cinderella* über abstrakt getanzte, musikalische Choreografien wie *Goldberg-Variationen* bis zu Kreationen, die von den vier Elementen oder von Künstlerpersönlichkeiten inspiriert sind.

Andere Tanzsprachen spricht dagegen die freie Zürcher Szene, die ihrerseits sehr heterogen ist. Seit den 1980er Jahren haben sich zahlreiche neue Gruppen gebildet, viele bestanden oder blieben jedoch nur für kurze Dauer. Eine der konstantesten ist die Compagnie Drift um Béatrice Jaccard, Peter Schelling und Massimo Bertinelli. Sie hat einen charakteristischen Stil entwickelt, mit dem sie bisher in über 20 Ländern, von Bulgarien bis USA, auf Off- und Stadttheaterbühnen aufgetreten ist. Ihr Tanz verbindet Abstraktion und Narration und zeichnet sich durch absurde, abgründige bis aberwitzige Bilder und Szenen aus, die zwischen alltäglicher Realität und surrealem Traum oszillieren. Sehr eigenständig tritt seit langen Jahren Fumi Matsuda mit ihrem Tanztheater auf. Ihre Konstanz und ihre Besonderheit wurden im Jahr 2003 mit dem Schweizerischen Tanz- und Choreografiepreis von Pro Tanz ausgezeichnet.

Auch andere Choreograf/innen haben sich in den letzten Jahren in der Limmatstadt ein bemerkenswertes Repertoire erarbeitet, beispielsweise der Spanier Pablo Ventura mit seinen von Technologie inspirierten und am Computer choreografierten Stücken oder die Brasilianerin Gisela Rocha, die in ihren Arbeiten die postmoderne Popkultur reflektiert. Immer wieder fallen ausserdem innovative Newcomer auf, etwa in den kontinuierlich veranstalteten Plattformen «Petits Fours» der Roten Fabrik oder «12 Min.Max.» im Tanzhaus Wasserwerk.

Überrascht hat 1999 in Zürich ein junges Trio, bestehend aus dem ehemaligen Béjart-Tänzer Gregor Metzger, dem Artisten Martin Zimmermann und dem DJ/Musiker Dimitri de Perrot. Die drei zeigten mit ihrem Stück *Gopf* ein bewegungstechnisch und choreografisch bemerkenswertes, dramaturgisch geschickt konzipiertes Stück, in dem skurrile Gestalten in einem multifunktionalen Raum auf immer neue Weise aneinander geraten, verschwinden und wieder auftauchen. *Gopf* wurde seit der Premiere über 160mal aufgeführt und reiste bis nach Südafrika. Mittlerweile ist das Künstlertrio auf internationalen Festivals und Bühnen äusserst gefragt, und auch sein drittes Stück, *JaNei*, das gleichermassen urkomisch wie beklemmend, poetisch heiter wie skurril ist, hat das Publikum fasziniert. Mit ihrem dreiteiligen Repertoire traten Metzger/Zimmermann/de Perrot auch in der Box des Zürcher Schauspielhauses auf. Dieses hat unter der Leitung von Christoph Marthaler die Sparte Theater vorübergehend um den Tanz erweitert. Marthaler brachte mit Meg Stuart eine renommierte Choreografin ans Haus, die durch ihre experimentellen Arbeiten international den zeitgenössischen Tanz mitgeprägt hat. Für kurze Zeit haben Stuart und einzelne Mitglieder ihrer Brüsseler Kompanie Damaged Goods in Zürich die Zelte aufgeschlagen und Uraufführungen von so einzigartig beeindruckenden Stücken wie *ALIBI* oder *Visitors Only* gegeben. Nun sind sie wieder weg, was insbesondere Anhänger der innovativen dekonstruktivistischen Tanzperformance sehr bedauern.

Dass Herr und Frau Schweizer es jedoch im Tanz lieber etwas harmonischer und weniger radikal mögen, wenn es um die Besetzung des Choreografenpostens in städtischen Häusern geht, hat sich insbesondere in Basel gezeigt. Dort wollte man partout das Ballett nicht gegen ein Tanztheater eintauschen, und als Joachim Schlömer diesen Stil in der Stadt am Rheinknie zu etablieren versuchte, scheiterte er am Zuspruch des Publikums. Dabei hat er etwa mit *Lissabon Projekt*, *La guerra d'amore* oder zuletzt mit *Senza fine* in seiner Basler Zeit einige herausragend poetische Tanztheaterstücke kreiert. Mit feinem, geradezu seismographischem Gespür für Atmosphären übersetzte er Musik von Fado über Monteverdi bis zu Popsongs oder Vivaldi originell und in immer wieder neuer Weise unkonventionell in Bewegung.

Aber die Stadttheatergänger in Basel wollten ein Ballett und haben es 2001 wieder bekommen, wenn auch kein traditionell klassisches. Dennnoch trifft der jetzige Ballettdirektor, Richard Wherlock, mit viel Schwung offenbar genau den Geschmack des Publikums. Ausserordentlich gute Zuschauerzahlen wurden jedenfalls von der Saison 2003/2004 insbesondere für Wherlocks *Romeo und Julia* und *Boléro* gemeldet. Der aus Bristol stammende Choreograf hatte zuvor bereits in Luzern das Ballett geleitet und ist nach einem Ausflug nach Berlin in die Schweiz zurückgekehrt. In Basel hat er seither wieder eine technisch versierte, athletische Truppe aufgebaut. Seine Choreografien sind meist von humorvoller Leichtigkeit geprägt.

Auch neben dem Stadttheater weist Basel eine zwar kleinere, aber rege Tanzszene auf, zu der unter anderem seit Jahren das Tanz Ensemble Cathy Sharp gehört. Im Theater Roxy Birsfelden machen ausserdem immer wieder neue vielversprechende Nachwuchschoreograf/innen auf sich aufmerksam – wie jüngst Kendra Walsh, die Bewegung konsequent minimalisiert.

Das Theater Luzern wagte nach Wherlocks Weggang ein gänzlich neues Projekt. Ein Choreografisches Zentrum sollte das feste Ensemble ablösen und pro Saison mehrere Choreograf/innen mit ihren Kompanien in die Zentralschweiz bringen. Auch dieses Modell ist in der helvetischen Tanzlandschaft auf grosse Skepsis gestossen, obwohl international so renommierte Tanzgrössen wie Trisha Brown, Merce Cunningham, Wim Vandekeybus, aber auch aussichtsreiche «Auslandschweizer» wie die in Berlin arbeitende Bernerin Anna Huber, die 2002 als erste aktive Tänzerin überhaupt mit dem Hans Reinhart-Ring ausgezeichnet worden ist, oder der nach Belgien abgewanderte Solothurner Thomas Hauert in Luzern aufgetreten sind.

Huber und Hauert haben vor Jahren die Schweiz wegen besserer Arbeits- und Ausbildungsmöglichkeiten verlassen. Beide haben sie – international beachtet – je eine eigene bewegte Bühnensprache entwickelt, mit der sie auch in ihrer Heimat immer wieder von Neuem verblüffen. Neben ihren Auftritten im Luzerner Theater sind Huber und Hauert bisher etwa auch im Zürcher Theaterhaus Gessnerallee, in der Basler Kaserne, im Genfer L'ADC oder bei den Oltener Tanztagen gern gesehene Gäste.

In Luzern führt seit der laufenden Spielzeit 2004/2005 die Choreografin Verena Weiss wieder eine feste Tanzkompanie. Weiss ist in der Tradition des deutschen Tanztheaters gross geworden und hat unter anderem mit Reinhild Hoffmann zusammengearbeitet. Ihre erste Spielzeit in der Schweiz eröffnete sie mit *Schatten der Erde*, einem Stück zu Hölderlin. Ob das Luzerner Stadttheaterpublikum am Tanztheater mehr Geschmack findet als das Basler, wird sich weisen. Die Wiedereinrichtung eines hauseigenen, zwölfköpfigen Ensembles ist jedenfalls eine klare Entscheidung zurück zu mehr Kontinuität und weg von Koproduktionen, Gastspielen und Residences.

So setzen die grossen, städtischen Häuser in der Deutschschweiz wieder alle auf feste Gruppen mit jeweils einem Hauptchoreografen. Neben dem Tanztheater in Luzern dominiert das Etikett «Ballett» die Sparte Tanz an den Deutschschweizer Stadttheatern – je mit etwas anderer Ausrichtung. Auch das Berner Ballett bietet, seit der laufenden Saison unter der Leitung des belgischen Choreografen Stijn Celis, zeitgenössischen Tanz, der in Stücken wie *Le Sacre du Printemps* und *Petruschka* seine eigene Balletttradition reflektiert.

Am Theater St. Gallen wird die Sparte Tanz vom Zürcher Choreografen Philipp Egli geführt, der einen aussergewöhnlichen Werdegang aufweist. Relativ spät Tänzer geworden, war er unter anderem Mitglied der berühmten zeitgenössischen Kompanie Rosas unter Anne Teresa De Keersmaeker in Brüssel. Von 1995 bis 2001 hat er in Zürich seine eigene freie Gruppe Molteni geleitet. Daneben wirkte er verschiedentlich am Opernhaus Zürich als Tänzer und Choreograf mit. 1997 übernahm er einen Solopart in Heinz Spoerlis *Brahms, Ein Ballett* und tanzte zwischen klassisch ausgebildeten Ballerinen und Ballerinos modern. Seit 2001 ist Egli nun am Theater St. Gallen und zeigt dort Klassiker wie *Nussknacker*, vor allem aber zeitgenössische Stücke, die sich etwa an Houellebecqs *Elementarteilchen* orientieren. Der misslichen Situation, nur eine Premiere pro Saison im grossen Haus zeigen zu dürfen, begegnet er mit dem Projekt

«Raumgriffe», in dessen Rahmen seine Kompanie bereits den Stadtpark oder eine Velowerkstatt in St. Gallen bespielt hat. Dabei werden – wenn auch in diesem Fall nicht ganz freiwillig – wiederum feste Stadttheater-strukturen aufgesprengt.

In der Westschweiz: Bewährtes neben Experimenten

Eine exponierte Position in der Kulturszene der Romandie hat Maurice Béjart inne. 1987 zog der Weltstar mit Ballettkompanie und -schule nach Lausanne. Er hat in seiner fünfzigjährigen Karriere als Choreograf mit seinen stets effektvollen und publikumswirksamen Werken Theaterhäu-ser, Fussballstadien und Arenen gleichermassen gefüllt, und bis heute zieht er Scharen von Fans an. Unter den jüngeren Choreograf/innen in der Romandie sind einige ehemalige Tänzer/innen des Béjart Ballet Lausanne, die ihre eigenen Gruppen gegründet haben und sich seither erfolgreich be-mühen, aus dem Schatten des Meisters herauszutreten und neue Tanz-sprachen zu entwickeln. Zu erwähnen sind hier etwa die stets wieder überraschende Compagnie Nomades von Serge Campardon und Florence Faure in Vevey oder die Compagnie Linga von Katarzyna Gdaniec und Marco Cantalupo in Pully, die ein dynamisches, akrobatisches Tanzvoka-bular pflegt.

Auch das Ballet du Grand Théâtre de Genève erfreut mit seinem breiten Repertoire nicht nur ein internationales Publikum, sondern beeinflusst und befruchtet auch das lokale Tanzschaffen, indem es immer wieder neue hervorragende Tänzer/innen und Choreograf/innen in die Schweizer Rhonestadt bringt. Zudem trug auch Noëmi Lapzeson mit ihrer innova-tiven Compagnie Vertical Danse wesentlich zur Entwicklung einer freien Tanzszene in Genf bei.

Ein wichtiger Teil der neueren Westschweizer Tanzszene, etwa im Um-kreis des Lausanner Arsenic oder des Genfer Théâtre de l'Usine, hat sich der performativen Bewegungsforschung verschrieben. So experimentiert beispielsweise der Genfer Yann Marussich mit Formen der Stillstellung, indem er sich stundenlang reglos in einen Schaukasten mit Ameisen legt, um physisch die Vergänglichkeit oder die Grenze zwischen Leben und

Tod auszustellen. Anspruchsvolle, experimentelle Stücke zeigt – wie erwähnt – der mittlerweile in London lebende Lausanner Gilles Jobin. Er dekonstruiert gängige Bewegungsmuster und verweist auf unser Gedächtnis-Archiv von medial vermittelten Körperbildern. Jobins Arbeiten gehören zum Innovativsten, was der Schweizer Tanz zu bieten hat. Er ist deshalb ein international gern gesehener Gast, etwa in Paris oder Berlin. Auch andere jüngere Choreograf/innen wie Estelle Héritier, Cindy van Acker, Katharina Vogel oder Arthur Kuggeleyn sind dabei, sich mit ihren konsequenten, konzeptionellen und radikalen Arbeiten zu etablieren.

Ungewöhnlich vielseitig ist bisher die Karriere des 1969 geborenen Genfers Frédéric Gafner verlaufen. Der Sohn des Tänzerpaares Beatriz Consuelo und Claude Gafner war gefeierter Solist beim Stuttgarter Ballett und später Mitglied der renommierten Merce Cunningham Company in New York. Heute lebt er wieder in seiner Heimat, nennt sich Foofwa d'Imobilité und polarisiert mit originellen Performances, die die Tradition des Tanzes ebenso wie ihr Verhältnis zu anderen Künsten oder Bewegungsformen, etwa dem Sport, hinterfragen.

Eine Sonderstellung in der Westschweizer Tanzlandschaft nimmt Philippe Saire ein, der 1986 seine eigene Kompanie gegründet hat und seit 1995 ein eigenes subventioniertes Theater in Lausanne unterhält, das Théâtre Sévelin 36. Für seine Stücke lässt sich Saire oft von literarischen Texten inspirieren, die er als Vorlagen für seine eigene Interpretation benutzt. In *Faust* etwa lässt den Mephisto gleich dreifaltig auftreten und ihn so den zweifelnden Helden eindrücklich bedrängen. Aber auch der Tanz selbst, seine Tradition und sein Verhältnis zu den anderen Künsten sind Themen von Philippe Saires Choreografien. In *Etude sur la Légèreté* behandelt er die Leichtigkeit, die das Ballett sich zum Paradigma gemacht hat. Er lässt die Tanzenden ihre Körper vermessen und demonstrativ die Schwerkraft erproben. In *La Haine de la Musique* untersucht Saire das Verhältnis von Tanz und Musik, in *[ob]seen* jenes zwischen Darsteller/innen auf der Bühne und Publikum.

Mit seiner ersten Gruppenchoreografie *Va et vient* überraschte kürzlich der Lausanner Jean-Marc Heim. Mit einfachen Mitteln, hervorragend eingesetzt vom witzigen Mienenspiel über eigenwillige Ver-Kleidungen bis hin zu subtilen Bewegungsparodien, bringen die Tanzenden eine köstlich feine Komik auf die Bühne, die man so im Tanztheater selten sieht.

Mitreissend und deshalb von grosser Publikumswirksamkeit sind auch die Arbeiten des Brasilianers Guilherme Botelho und seiner Genfer Compagnie Alias. Seine Tanztheaterstücke werden von Festival zu Festival gereicht und verbinden stets eine aufwändige, ausgeklügelte Bühnenkonstruktion mit einem charakteristischen, virtuosen Tanzvokabular, das sich durch schnelle Bewegungen auszeichnet, die die Körper der Tanzenden flugs zusammenklappen, zu Boden gehen und wieder aufschnellen lassen. Botelhos Stücke eröffnen alle eine überraschende, surreale Bilderwelt, ob die Figuren nun im Wasser waten, in Schubladen verschwinden, sich an Glasscheiben pressen, an Bürotischen tanzen oder sich zwischen mit Madonnenstatuen gefüllten Regalen tummeln.

Im Tessin: Technologie und Groteske

Einer der traditionsreichsten Schweizer Orte im Bereich der Tanzavantgarde liegt im italienischsprachigen Teil der Schweiz. Hoch über Ascona, auf dem Monte Verità, haben in der ersten Hälfte des 20. Jahrhunderts Ausdruckstanz-Grössen wie Rudolf von Laban und Mary Wigman gewirkt, nachdem sie aus Deutschland ins Schweizer Exil gekommen waren. Von einer vergleichbaren Avantgarde im Tessin mit nationaler sowie internationaler Ausstrahlung kann heute nicht mehr die Rede sein, auch wenn beispielsweise die Tänzerin und Choreografin Ariella Vidach mit ihrer Gruppe A.i.E.P. / Avventure in Elicottero Prodotti durchaus spannende, innovative Arbeiten im In- und Ausland zeigt. Zusammen mit Claudio Prati experimentiert Vidach seit längerem mit Computertechnologien, unter anderem mit dem Verfahren des Motion Capturing zur digitalen Aufzeichnung und Messung von Bewegungsabläufen. In ihren Stücken verbinden sich interaktiv Technik und (Körper-)Ästhetik. Einen ganz anderen Ansatz pflegt die Gruppe Teatrodanza Tiziana Arnaboldi, die Tanz, Theater und Akrobatik zu einem eigenen humorvollen, zuweilen grotesken Stil verbindet.

Neben dem Teatro Dimitri in Vercio hat sich in jüngerer Zeit auch das Teatro del gatto in Ascona als Tessiner Bühne des Tanzes etabliert. Im

Herbst findet dort jeweils das «Festival Internazionale di Danza» statt –
stets auch mit Schweizer Beteiligung.

Für die Schweiz: Kreative Kräfte bündeln

Der helvetische Tanz hat also mittlerweile – auch ohne lange Tradition –
eine ansehnliche Vielfalt entwickelt. Diese heterogene Fülle ist jedoch fragil
und bisher noch von Kurzlebigkeit geprägt. Im Unterschied zu vergleichbaren kleinen Ländern – ob ohne oder mit monarchistischer Tradition – wie
etwa Holland oder Belgien, in denen gerade auch der zeitgenössische Tanz
gezielt gefördert wird, die inzwischen renommierte Schulen eingerichtet und
eine Reihe innovativer und inspirierender Choreograf/innen-Persönlichkeiten
hervorgebracht haben, verflüchtigt sich in der Schweizer Tanzlandschaft bisher noch immer einiges an Bewegungsenergie gleich wieder.

Dabei ist von dieser kreativen Kraft im Moment sehr viel vorhanden.
Institutionalisierte Kompanien unseres Landes haben sich internationales
Renommee verschafft, und immer mehr Schweizer Choreograf/innen und
Tänzer/innen geniessen im In- und Ausland Anerkennung. Gerade auch
aufstrebende Künstler/innen wie beispielsweise Irina Lorenz in Luzern
oder Sandra Nussberger in Winterthur, Tabea Martin in Basel oder die
Compagnie 7273 aus Carouge, Tina Beyeler aus Schaffhausen oder annas
kollektiv in Zürich und einige andere haben durchaus das Potenzial, sich
in der Schweizer Tanzszene zu etablieren. Um diese Talente in der Schweiz
erhalten zu können, um Bewährtes zu pflegen sowie Neues nachkommen
und wachsen zu lassen, müssten allerdings auch hierzulande langfristiger
Strukturen geschaffen und ausgebaut werden.

Dann können die Steinchen im Kaleidoskop des helvetischen Tanzes weiter vor interessierten Augen rieseln und sowohl einzeln als auch im
Gesamtbild bunt leuchten. Und wer weiss, vielleicht erkennen spätere
Generationen mit einem längerfristigen Blick darauf gar einmal eine spezifische Tradition in der schweizerischen Bewegungskunst.

Freie Truppe: was bedeutet das materiell?

Von der Hand in den Mund

Von Hansueli W. Moser-Ehinger

Die *Tanzcompagnie Flamencos en route* ist eine freie Theatertruppe. Das bedeutet, dass ihre personelle und räumliche Infrastruktur auf ein Minimum beschränkt ist und jedenfalls nicht auf Dauer fest finanziert wird. Die Truppe kann zwar mehr oder weniger sicher damit rechnen, dass ihre Produktionen von öffentlichen Händen und privaten Institutionen subventioniert werden – aber dazu muss sie für jede Produktion neue Gesuche stellen. Abgesehen davon, dass das Verfassen solcher Gesuche und das Zusammentragen der Unterlagen, die solchen Anfragen mitgeliefert werden müssen, einen erheblichen Aufwand erfordert: ob die Produktion, für die Subventionsgesuche gestellt werden, dann auch tatsächlich unterstützt wird, steht erst fest, wenn die zuständigen Instanzen zugesagt haben. Eine Ausnahme: die Stadt Baden hat mit *Flamencos en route* eine Leistungsvereinbarung abgeschlossen, die der Truppe für vorerst drei Jahre je 55 000 Franken Unterstützung garantiert. Das ist zwar ein schöner Batzen – aber er muss im Verhältnis zum Aufwand betrachtet werden, den die Truppe leisten muss, damit sie ihre Leistungsvereinbarung erfüllen kann. Und dieser Aufwand beläuft sich laut Budget für das Jahr 2004 auf immerhin 860 400 Franken.

Den restlichen Aufwand muss die Truppe anderweitig aufbringen. Einen Teil kann sie selber erarbeiten durch den Verkauf ihres «Produkts» an

Veranstalter, die es ihrem Publikum weitervermitteln, oder indem *Flamencos en route* sich direkt an das Publikum wendet, also selber als Veranstalter auftritt. Dass eigene Veranstaltertätigkeit die Risiken nicht gerade vermindert, dürfte einleuchten – insbesondere aber bedeutet sie auch einen erheblichen Aufwand, vor allem dann, wenn es gilt, neue Vorstellungsorte oder zumindest neue Räume zu «erobern». Da aber auch die Veranstalter ihre Sorgen haben (und zwar aus dem selben Grund wie die Produzenten – das wird später dargelegt), wird es immer schwieriger, Veranstalter zu finden, die am Risiko partizipieren. Denn ein Risiko ist die Zuwendung an das Publikum jedenfalls, ist doch in der Regel im Zeitpunkt, da die Engagements abgeschlossen werden müssen, kaum abzuschätzen, in welchem Zustand sich die Lust des Publikums auf Tanztheater in dem Augenblick befindet, in dem das klassische Sprichwort «Hic Rhodos, hic salta» – «jetzt kommt es drauf an, jetzt musst du tanzen» – buchstäblich erfüllt werden muss. Die Arbeit einer freien Truppe wird darüber hinaus noch dadurch erschwert, dass sie mit jeder Produktion ihre Existenz aufs Spiel setzt, kann sie sich doch im Gegensatz etwa zu einem etablierten, auf Dauer fest subventionierten Theater, das den Flop einer Produktion durch Erfolge anderer Produktionen auffangen kann, kein Misslingen leisten, ohne den Bankrott zu riskieren.

Trägerschaft der *Tanzcompagnie Flamencos en route* ist aus rechtlichen Gründen ein Verein, bestehend aus der Gründerin Brigitta Luisa Merki, dem Administrator Peter Hartmeier und einer dritten, von Zeit zu Zeit wechselnden Person – also dem gesetzlich verlangten Minimum an Mitgliedern. Dieser Verein unterhält an festen Einrichtungen ein (gemietetes) Studio mit Lager und Kostüm- und Technikfundus, ein (ebenfalls gemietetes) Haus, in dem die Büros untergebracht sind und die engagierten Künstler während der Probenzeit und in Tourneepausen wohnen können, sowie einen Lastwagen – und eine Teilzeitstelle für Sekretariats- und Öffentlichkeitsarbeit. Alle anderen Personen (Direktion, Administrator, Künstlerinnen und Künstler, Technik) sind für die jeweilige Produktion mit Einzelverträgen auf Honorarbasis engagiert.

Damit das nötige künstlerische und technische Personal engagiert werden kann, sollte die Auswertung der Produktion bereits vor Produktionsbeginn zumindest «zu Faden geschlagen» sein – Zahl der Vorstellungen,

Dauer der Tournee beispielsweise, denn davon hängt nicht zuletzt ab, ob und in welchem Rahmen die Produktion und die Betriebskosten finanziert werden können. So lässt sich anhand der Besetzung und der Probendauer einigermassen genau berechnen, wie hoch die eigentlichen Produktionskosten (also die vor der Premiere anfallenden Aufwendungen) sind – aber deren Amortisation lässt sich dann nicht mehr einfach durch eine Division dieser Produktionskosten durch die Zahl der Vorstellungen errechnen. Denn nur ein Teil der Konditionen, etwa die Gagen, lassen sich generell berechnen; andere Kosten, die aus dem Betrieb entstehen, variieren von Spielort zu Spielort. Niedrige Einnahmen an Spielorten mit schlechten Konditionen (z.B. teure Unterkunft, grosses Engagement bei der Vermarktung und Werbung) lassen sich nicht einfach mit höheren Einnahmen aus Orten mit guten Konditionen verrechnen. Ein weiteres Kalkulationsproblem entsteht dadurch, dass Wiederaufnahmen, d.h. weitere, später mögliche «Nutzungen» der Produktion mit einer neuen Tournee, meist mit höheren Betriebskosten verbunden sind. Zum einen kann ja das künstlerische Personal, also vor allem die Tänzerinnen und Tänzer, die Musikerinnen und Musiker, lediglich für die zum Startzeitpunkt bekannte Tourneedauer fest engagiert werden; Wiederaufnahmen fallen dann möglicherweise in einen Zeitraum, da einzelne Beteiligte bereits anderweitig unter Vertrag sind und entweder «freigekauft» oder durch Umbesetzungen mit dem entsprechenden Probenaufwand ersetzt werden müssen. Und dann kommen halt auch menschliche Eigenschaften zum Zuge: in der Regel erwarten die Beteiligten für eine solche zusätzliche Tournee dann eben auch eine höhere Gage – bis hin zum Poker, ob der Leitung die höhere Gage wirklich billiger kommt als die Umtriebe mit einer Umbesetzung...

Zeit ist auch beim freien Tanztheater Geld: *Flamencos en route* entschärfen das Problem der Verfügbarkeit der engagierten Künstlerinnen und Künstler in den Proben- und Vorstellungszeiten dadurch, dass sie feste Gagen bezahlen in Form von monatlichen Pauschalen. In der Probenzeit liegen sie um die 3000 Franken/Monat, wobei zu berücksichtigen ist, dass z.B. Tänzerinnen und Tänzer täglich trainieren müssen und deshalb Siebentagewochen keine Seltenheit sind. In der Tourneezeit sind die Gagen mit 4000 bis 5000 Franken/Monat höher, wobei davon auszugehen ist, dass in der Regel an 18 von 30 Tagen gespielt wird. Fallen in dieser festgelegten Tourneezeit zusätzliche Vorstellungen an, so sind sie in der Monatspauschale inbegriffen, werden also nicht zusätzlich entschädigt. (Zum Vergleich: die gemäss Gesamtarbeitsvertrag Solo und Chor/Ballett zwischen dem Schweizerischen Bühnenverband als Arbeitgeberorganisation des etablierten Theaters in der Schweiz und dem Schweizerischen Bühnenkünstlerverband als Gewerkschaft des künstlerischen Personals ausgehandelten minimalen Monatsgagen für die Spielzeit 2003/2004 liegen zwischen 3000 Franken [Luzerner Theater u.a.] und 3750 Franken [Opernhaus und Schauspielhaus Zürich].)

Flamencos en route stellt den Künstlerinnen und Künstlern während der Probenzeit im «eigenen» Haus Wohn- und Kochgelegenheit zur Verfügung – weshalb es kaum ein Theater gibt, dessen Büroräume abends verlockender mit Essgerüchen eingedeckt werden als das Haus Mellingerstrasse 120 in Baden, wo die Flamencos wohnen, wenn sie nicht en route sind. Während der Tourneen erhalten die Beteiligten keine sogenannten Diäten, also Beiträge an Verpflegung und Unterkunft. Die Reisekosten werden ohnehin von der Truppe getragen, die Unterkunft wird organisiert und geht ebenfalls zu Lasten der Truppe, für die Verpflegung hingegen müssen – wo nicht Veranstalter oder fallweise die Truppe das Essen spendieren – die Künstlerinnen und Künstler selber aufkommen. Aber auch da wird nicht alles so heiss gegessen, wie es gekocht wird: falls die Distanz zwischen Vorstellungsort und Baden nicht unzumutbar gross ist, wird nach der Vorstellung «nach Hause» gefahren, wo die Beteiligten ihre Zimmer im truppeneigenen Haus nutzen und auch dort kochen können. (Wer will, darf sich hinsetzen und ausrechnen, welcher Aufwand hier logistisch anfällt...).

Wer in den administrativen Unterlagen von *Flamencos en route* blättern darf, wird nicht ohne Überraschung feststellen, dass bis vor wenigen Jahren, genau bis 1998, die Einspielergebnisse im Schnitt höher waren als die Subventionsbeiträge – wobei, um Missverständnisse zu vermeiden, offen dargelegt wird, dass für einzelne Vorstellungen oder Produktionen gesprochene und in Anspruch genommene Defizitgarantien richtigerweise als Eigeneinnahmen verbucht werden. Auch hier sei ein Vergleich erlaubt: im etablierten Theater der Schweiz wird der Eigenfinanzierungsgrad im Schnitt mit knapp 30 Prozent (Theaterstatistik des Deutschen

Bühnenvereins für die Saison 2003/2004 in Deutschland, Österreich und der Schweiz) angegeben – für einzelne Bühnen deutlich zu hoch, weil die Kosten für Orchester und baulichen Unterhalt der Theater in der Regel nicht den Theaterrechnungen belastet werden.

Heute allerdings ist die Situation anders. Zum einen steigen auch bei den Produktionen von *Flamencos en route* die Kosten kontinuierlich, und zum anderen stagnieren die Einnahmen etwa durch Gastspiele bei etablierten Theatern auf längst nicht mehr zeitgemässem Niveau: es gibt Theater, die heuer eine Vorstellung von *Flamencos en route* auf den Franken genau gleich hoch honorieren wie 1985/86, als die Truppe ihre Arbeit aufnahm. Das ist zwar befremdlich – aber kaum ein Grund, diesen Bühnen an den Karren zu fahren. Denn auch sie werden zunehmend gepiesackt durch den Spardruck, dessen Hysterie kulturelle Bereiche längst nicht mehr ausspart. (Wie sich die Kostenstruktur einer freien Theatertruppe im Detail darstellt, ist am Beispiel *Flamencos en route* aus den Unterlagen ersichtlich, die die Truppe für diese Publikation zur Verfügung gestellt hat; sie sind im Anschluss an diesen Artikel abgedruckt.

Nicht ohne Bedeutung für die Auswertung einer Produktion ist auch die Abhängigkeit der Truppe von Veranstaltern dort, wo diese am Ort als einzige über eine Bühne verfügen, die den Ansprüchen von Tanztheater genügt (z.B. Sicht des Publikums auf den Bühnenboden). In der Leitung solcher Veranstalter ergeben sich naturgemäss von Zeit zu Zeit Wechsel, und mit personellen Wechseln gehen nicht selten auch programmatische Änderungen einher, was dazu führen kann, dass Tanztheater, insbesondere das einer Truppe wie *Flamencos en route*, von einer Spielzeit auf die andere «nicht mehr in unser Programmkonzept passt». Da ist guter Rat buchstäblich teuer, weil ein weiteres Bespielen dieser Stadt nur möglich ist, wenn die Truppe das Gastspiel selber veranstaltet – mit dem ganzen damit verbundenen zusätzlichen Aufwand etwa für Werbung und Vorverkauf.

Ein Grundübel ist zweifellos darin auszumachen, dass die öffentlichen Hände und die mit ihnen subventionierenden staatlichen und privaten Institutionen immer noch (und zu einem grossen Teil im Wissen um den damit angerichteten Unfug) zwar Produzenten und Produktionen unterstützen, Veranstalter und Veranstaltungen aber zunehmend im Regen ste-

hen lassen. Das führt unter anderem dazu, dass es gar nicht mehr möglich ist, Produktionen so lange im Spielplan zu halten, wie sie für eine ver-
nünftige Amortisation gehalten werden sollten (und gehalten werden
könnten!): Geld bekommen freie Truppen, ja überhaupt freies Theater
fast ausschliesslich für Neuproduktionen, die über kurz oder lang wieder
durch Neuproduktionen ersetzt werden müssen, dank deren Subventio-
nierung die Löcher gestopft werden, die dadurch entstanden sind, dass
die Neuproduktion die noch nicht amortisierten Produktionen aus den
Spielplänen verdrängt. Die Schlange beisst sich nicht mehr nur in den
Schwanz – sie hat sich längst in sich selber verknotet. Umso erfreulicher
ist, dass vor allem öffentliche Hände in den letzten Jahren immer häufi-
ger auch mit freien Truppen sogenannte Leistungsverträge abschliessen –
mit festen, über einzelne Spielzeiten hinaus festgelegten Subventionen, für
die die Truppe vertraglich vereinbarte Leistungen bietet. Und das sind
dann eben nicht mehr nur (Neu-)Produktionen; das Geld ermöglicht auch
das Abspielen des Erarbeiteten und damit dessen bessere Amortisation.

Wer freies Theater macht, geht hohe Risiken ein – und das Risiko von
freiem Tanztheater ist gewiss nicht kleiner als das Risiko von freiem
Theater überhaupt. Dass es sehr oft nur ermöglicht werden kann, weil die
Personen, die es leiten, auf budgetierte und damit von den subventionierenden Institutionen als berechtigt anerkannte Honorare verzichten, also
im Interesse der Idee sich selber ausbeuten, lässt sich nicht leugnen. Wer
die hier abgedruckten Unterlagen durchsieht, wird beispielsweise bald
merken, bei welchen Positionen allein die im Budget für 2004 fehlenden
gut 60 000 Franken oder wenigstens ein Teil davon «eingespart» werden
können. Und dass die Leute, die sich nicht unterkriegen lassen, es in der
Regel, wie *Flamencos en route* das vormachen, nicht an die grosse Glocke
hängen, gehört wohl nicht zu den letzten Qualitäten, die freies Theater
und mit ihm *Flamencos en route* auszeichnen.

Anderseits: trommeln gehört zum Handwerk – und schlechte Voraussetzungen werden dadurch, dass sie von den Betroffenen hingenommen
werden, nicht von selber besser. Manchmal sollte es nicht beim Zähne-
knirschen bleiben – es sei denn, dieses werde so störend laut, dass nichts
anderes mehr übrig bleibt, als bessere Strukturen zu schaffen. Denn damit
würde auch das «Rendement» der Unterstützungen erheblich verbessert.

Flamencos en route – Verhältnis Subventionen / Einspielergebnisse

Subventionen		Einspielergebnisse	
1985 Stiftungen und Private	40'000.00	Obsesión	120'000.00
1986		Obsesión	45'000.00
1988 Kuratorium	15'000.00	Don Juan	318'000.00
Pro Helvetia	5'000.00		
Stadt Baden	9'000.00		
Stiftungen und Private	108'000.00		
1989 Kuratorium	60'000.00	Don Juan / Nocturnos	135'000.00
Stadt Baden	5'000.00		
1990 Kuratoriuma	120'000.00	Don Juan / Contrastes / Nocturnos	178'000.00
Stadt Baden	5'000.00		
Stiftungen und Private	63'000.00		
1991 Kuratorium	170'000.00	Entre mariposas negras / La Celestina	367'000.00
Kuratorium (Produktionsbeitrag)	35'000.00		
Stadt Baden	5'000.00		
Stiftungen und Private	133'300.00		
1992 Kuratorium	200'000.00	Entre mariposas negras / La Celestina	315'000.00
Stadt Baden	15'000.00		
Stiftungen und Private	2'000.00		
1993 Kuratorium	250'000.00	Entre mariposas negras / La Celestina	220'000.00
Stadt Baden	15'000.00		
1994 Kuratorium	250'000.00	Gritos / La Celestina / Rondón	226'500.00
Stadt Baden	15'000.00		
Stiftungen und Private	70'000.00		
1995 Kuratorium	225'000.00	Gritos / Rondón	206'000.00
Stadt Baden	15'000.00		
1996 Kuratorium	250'000.00	Rondón / Capricho Amor	243'619.75
Stadt Baden	15'000.00		
1997 Kuratorium	265'000.00	el canto nomada / Capricho Amor	304'000.00
Stadt Baden	20'000.00		
Stiftungen und Private	86'000.00		
1998 Kuratorium	250'000.00	el canto nomada / Capricho Amor	300'522.89
Stadt Baden	20'000.00		
1999 Kuratorium	300'000.00	el canto nomada / Solea and the Winds	281'159.94
Stadt Baden, Jahressubvention	18'500.00		
Stadt Baden, a.o. Beitrag	50'000.00		
Stiftungen und Private	116'999.00		
2000 Aargauer Kuratorium	260'000.00	Solea and the Winds	164'791.40
Stadt Baden	40'000.00		
2001 Aargauer Kuratorium	250'000.00	Solea and the Winds /	
Stadt Baden	40'000.00	Fragmentos I – III	294'912.00
2002 Aargauer Kuratorium	250'000.00	Fragmentos III (laberinto soledad) /	
Stadt Baden	40'000.00	transito flamenco	225'336.29
Stiftungen und Private	86'000.00		
2003 Aargauer Kuratorium	250'000.00	Laberinto soledad / transito flamenco /	
Stadt Baden	50'000.00	Centaura y Flamenca	253'586.55

Subventionierung und Beiträge	**4'487'799.00**	**Einspielergebnisse**	**4'198'428.82**

ph/September 2004

Tanzcompagnie Flamencos en route

Budget Betriebsjahr 2004

Honorare, 50% Stellen		**101'000.00**
Administration	24'000.00	
Entsch. Direktion	24'000.00	
Sekretariatsstelle 40%	24'000.00	
Techniker, Reparaturen etc., Auftragsentsch.	24'000.00	
Unfallversicherung/Sozialkosten	5'000.00	
Adm. Betriebskosten		**32'600.00**
Porti/Telefonkosten, allg. Bürokosten	16'000.00	
Fachzeitschriften, Abos, Literatur	3'000.00	
Dokumentation / allg. Werbeauslagen	6'000.00	
Verbandsbeiträge / Mitgliedschaften	600.00	
Uebersetzungen für Website und Dokus	7'000.00	
Mietkosten		**74'000.00**
Miete Probenräume / Lager / Fundus	24'000.00	
Miete Büroräume / Unterkunft (Haus Mellingerstr.120)	38'000.00	
Mietnebenkosten (Heizung, Wasser, Strom, Unterhalt)	12'000.00	
Technische Kosten		**25'500.00**
Kosten LKW (Service, Schwerverkehrssteuer, Versicherungen)	12'000.00	
Kosten Lichtmaterial, Revisionen, Anschaffungen	4'000.00	
Kosten Kabel, Revisionen	1'000.00	
Kosten Tonmaterial, Revisionen, Ersatz	4'000.00	
Unterhalt Reinung Kostüme/Fundus	2'500.00	
Unterhalt Reinigung Bühnenbilder Requisiten	2'000.00	
Spesen		**6'500.00**
Spesen Administration	1'000.00	
Spesen Direktion	3'000.00	
Div. Spesen	2'500.00	
Versicherungen/Diverses		**15'700.00**
Unfallversicherung	1'200.00	
Mobiliarversicherungen/Diebstahl/Elementar	1'500.00	
Anschaffungskosten / Ersatz Büro / Wohnung	6'000.00	
Unvorhergesehenes	7'000.00	
Total Kosten Betrieb 2004		**255'300.00**

Block im Frühjahr Arbeit ThiK + Laberinto und Stans   103'350.00

Laberinto 4 x Stuttgart, je 1 Woche Basel und Luzern, 1 Woche Probe

4 TänzerInnen à 1 Wochen à 850 + 3 Wochen à 1250 =4600	18'400.00
4 MuskerInnen à 1 Wochen à 850 + 3 Wochen à 1250 =4600	18'400.00
1 Choreografin à 2 Wochen à 850 + 3 Wochen à 1250	5'450.00
1 Tourneevorbereitung / Organisation + Tourneeleitung 3 à 1000	3'000.00
Technik (Bereitstellung und Tournee)2 Personen, pauschale à 3500	7'000.00
1 Schneiderin, Rep., Reinigung 2 Wochen und Tournee = 5 Wochen	4'600.00
Honorarnebenkosten (Soz. Kosten etc.) / Anreisen / Diverses	10'000.00
Licht, einrichten und fahren	4'000.00
Arbeit Stans und ThiK zwei, 2 Wochen à 13 Personen à 1'250	32'500.00

Kosten für neue Produktion, Uraufführung 16.10. Baden   299'550.00

1. Proben- und Tourneeblock Mai - Juni 2004   **30'900.00**

10 DarstellerInnen 2 Wochen à 850	17'000.00
Honorarnebenkosten (Soz. Leistungen, Versicherungen, Diverses)	4'000.00
Schneiderei 4 Wochen à 850	3'400.00
Technik, Ton, Requisitenherstellung, Betreuung	4'000.00
Verbrauchsmaterial Requisiten	2'500.00

2. Probenblock August bis 15. Oktober   **104'650.00**

Honorarnebenkosten (Soz. Leistungen, Vers.) / Anreisen / Diverses	12'000.00
10 DarstellerInnen 9 Wochen à 850	76'500.00
Kostümschneiderei 9 Wochen ä 850	7'650.00
Technik, Betreuung etc.	6'000.00
Verbrauchsmaterial, Requisiten	2'500.00

Weitere Kosten Produktion UA 16.10.04 Kurtheater   **164'000.00**

Choreografie, Pauschale	20'000.00
Komposition, Musikal. Arrangements	20'000.00
Produktionsleitung	16'000.00
Kostümdesign	6'000.00
Lichtdesign, incl. Endproben Theater	8'000.00
Bühnenbild, incl. Herstellung	10'000.00
Choreografieassistenz, 4 Monate total (incl. Vorproben)	12'000.00
2 Techniker, Herst.Bübi, Boden, Req., Auf- und Abbauten je 1 Mt	8'000.00
Honorar Grafik	8'000.00
Div. Spezialeffekte wie: Aufnahmen, Gobos, Projektionen etc.	8'000.00
Material Bühnenbild, Boden und Decors	8'000.00
Material Kostüme (Stoffe und Requisiten)	8'000.00
Div. Auslagen, Spesen etc.	6'000.00
Miete/ev. Kauf spez. Licht oder Toneffektmaterial	8'000.00
Programmheft, Druckkosten	6'000.00
Plakate und Karten/Flyer, Druckkosten	8'000.00
Fotos für Produktion	4'000.00

Tourneekosten neue Produktion   202'200.00

Tournee ab 16. Oktober bis ca. Dezember = ca. 8 Wochen

10 DarstellerInnen à 1250 pro Woche	100'000.00
2 Techniker Bühne und Ton dito	20'000.00
Lichtregie dito	10'000.00
Tourneeleitung/LKW Fahrer etc.	10'000.00
Choreografin/Trainingsleitung	10'000.00
Lichtaufbau/Einrichten 14à 550	7'700.00
Cartransfers Ensemble an die Spielorte	10'000.00
Technische Kosten, Transport etc.	5'000.00
Bewilligungen, Gebühren, etc	1'500.00
Hotelkosten (z.B. Mailand, Stuttgart etc.)	15'000.00
Div. Spesen (Essen, Verbrauchsmaterialien, Transfers etc.	8'000.00
Tantièmen, Pauschale 1. Tourneeblock	5'000.00

Gesamtkosten Jahr 2004   860'400.00

Finanzierung der Gesamtkosten für das Jahr 2004   797'500.00

Jahresbeitrag Kuratorium	250'000.00
Jahresbeitrag Stadt Baden	55'000.00
Gönnerkreis Flamencos en route	10'000.00
Jubiläumsbeitrag an die Produktion Lotteriefonds Kanton Aargau	150'000.00
Jubiläumsbeitrag an die Produktion Stadt Baden	–
Beitrag an die Produktion Pro Helvetia	20'000.00
Beitrag Migros-Bund der Schweiz an die Produktion	20'000.00
Beitrag div. Stiftungen an die Produktion	50'000.00
Beitrag Pro Helvetia an Auslandgastspiele Frühjahr und Herbst	20'000.00
Einnahmen Stuttgart Frühjahr 2004 4 à 2000	8'000.00
Einnahmen Frühjahr von Luzern und Basel 10 x 2500	25'000.00
Einnahmen Mai Stans und ThiK	20'000.00
Einnahmen aus Tournee Herbst 2004	160'000.00
Hotelübernahme durch Stuttgart (Anteil)	6'000.00
Programmverkauf total	3'500.00

Finanzierungsdefizit   62'900.00

Uebertrag auf nächste Rechnung

Baden, im September 2004/ph

Dokumentation

Grosse Produktionen

Übersicht

Flamencos en route
Choreographie: **Susana**
Musik: **Antonio Robledo**

Tanz:
Antonia Mena
Brigitta Luisa
Dominique Lasaki
Juani Berggren
Teresa Martin

Joaquin Ruiz

Gesang:
Juan Cantero

Gitarre:
José Maya (Marote)
Jürg Gerster

Produktionsleitung:
Brigitta Luisa

OBSESIÓN

Spanische Tanzphantasien

Obsesión

Uraufführung 10. April 1985 – Kurtheater Baden

Tourneen: Schweiz, Deutschland, Internationales Tanzfestival in Amersfort, NL

Choreographie: *Susana*. Musik: *Antonio Robledo*.

Tanz: *Antonia Mena, Brigitta Luisa Merki, Dominique Lasaki, Juani Berggren, Teresa Martin*.

Gäste: Tanz: *Joaquin Ruiz*. Gesang: *Juan Cantero*. Gitarre: *José Maya «Marote», Jürg Gerster*.

Produktionsleitung: *Brigitta Luisa Merki*.

Bandaufzeichnung. Flamencogesang: *Enrique Morente*. Harfe: *Françoise Stein*. Flöte: *Jürg Frei*. Gitarre: *Jürg Gerster*. Orgel, Klavier, Schlagzeug: *Antonio Robledo*.

Musikalische Leitung: *Antonio Robledo*.

Mitarbeiter: Bühnendecor: *Erich Merki*. Kostüme: *Iris Caspar, Brigitta Luisa Merki, Dominique Lasaki, Juani Berggren*. Fotos: *Tanja Funk, Marc Funk*. Licht: *Othmar Zehnder*. Gestaltung Plakat und Programm: *Lars Müller, Baden*.

Teresa Martin   *Foto Alex Erik Pfingsttag*

Obsesión

Choreographie: *Susana*. Musik: *Antonio Robledo*.
Fünf archetypische Frauenfiguren sind davon besessen, ihre Individualität

Von links: Brigitta Luisa Merki, Dominique Lasaki, Teresa Martin, Antonia Mena, Juana Maria   *Foto Marc Funk*

und ihren spezifischen Lebensrhythmus im Tanz auszudrücken. Diese Konstellation wird ausgelöst durch einen Flamencogesang von Enrique Morente, der die Frauen völlig unerwartet überrascht. Der Sänger ist nur mit seiner Stimme präsent.

Der Gesang symbolisiert das Unbekannte, das Fremde, welches jede Frauenfigur für sich interpretiert und in welches jede ihre fiktiven Vorstellungen und Wünsche hineinprojiziert. Aus tiefer Leidenschaft suchen sie Kontakt zur Stimme aufzunehmen. Jede versucht besessen, ihr Prinzip durchzusetzen, und gerät dadurch in Konflikt mit den anderen.

Jardín de Alegrías

Choreographie: *Susana*. Musik: *Antonio Robledo*.

Tänzerische und musikalische Variationen zum Thema *Alegrías*. *Alegría* bedeutet Fröhlichkeit und Lebensfreude. Von solcher Freude ist diese Choreographie geprägt; sie zeichnet sich aus durch Eleganz und Harmonie.

Teresa Martin, Brigitta Luisa Merki, Dominique Lasaki, Juana Maria
Foto Marc Funk

Jaleo

Musik: *popular*

Tänzerinnen und Tänzer, Sänger und Musiker fordern sich gegenseitig heraus und steigern sich in individuellen Solotänzen zum grossen «Jaleo».

Joaquin Ruiz, Juan Cantero, José Maya «Marote»   *Foto Marc Funk*

Pressespiegel

Obsesión (1985)

Die Truppe führt den spanischen Tanz weit über eine nationale und folkloristische Gebundenheit hinaus.
Ursula Pellaton, 1985

Mit Obsesión setzen die fünf Frauen der neuen Truppe Flamencos en route einen Markstein im Theater.
1985

A Juan
Momentos de Don Juan Flamenco

Uraufführung 4. November 1987 – Kurtheater Baden

Tourneen : Internationales Tanzfestival Stuttgart, Opernhaus Zürich, Stadsschouwburg, Amsterdam; Luxemburg, Italien

Choreografie: *Susana*.
Musikalische Leitung: *Antonio Robledo*.
Bühnen- und Kostümdesign: *Fabia Puigserver*.
Kostümherstellung: *Carmen Pérez Mateos, Brigitta Luisa Merki*.
Tanz: *Antonio Alonso, Brigitta Luisa Merki, Maria Vivó, Cora Linea, Juana María, Teresa Martin*.
Gesang: *Juan Cantero, Jeronimo Raposo Zarco*. Gitarre: *Santi Hernández, Enrique Piedra*. Schlagzeug: *Enrique Piedra*. Tamboril und Flöte: *Generoso de Castro Sanchez*.

Bühnenbildherstellung: *Daniel Ott, Tobias Scherer*. Licht: *Tobias Scherer*

Fotos: *Marc Funk, Cunégonde Peter, Peter Friedli*. Gestaltung Plakat und Programm: *Atelier Lars Müller, Baden. Ueli Röthlisberger, Aarau*. Programmtexte und Übersetzung: *Markus Fischer*.

Produktion: *Alfred Richterich, Flamencos en route*.
Direktion: *Brigitta Luisa Merki, Teresa Martin*.
Administration: *Peter Hartmeier*.

Hier ist ein anderer Don Juan. Er ist kein Übeltäter. Er wurde nicht bestraft. Es gibt keinen Rächer aus dem Jenseits, keinen steinernen Gast, keinen Toten. Es gibt den Tod, la muerte. Der Tod ist eine Frau, die letzte, die definitive.

Das Leben ist eine Folge von Liebesabenteuern. Mit jeder Verführung for-

Teresa Martin, Antonio Alonso   *Foto Cunégonde Peter*

dert Don Juan den Tod heraus. Jedes Abenteuer ist eine vorläufige Form des endgültigen Abenteuers; jedes Frauengesicht ist eine Maske vor dem Gesicht der letzten Frau.

Der Konflikt zwischen der letzten Frau und Don Juan ist der zwischen Leben und Tod. Alle seine Abenteuer haben Anteil an diesem Konflikt. Es sind immer schwer zu erobernde Frauen, die den Verführer interessieren. Ohne Widerstand ist die Verführung reizlos. In Don Juans Verstössen gegen die soziale Ordnung zeichnet sich seine Weigerung ab, sich mit dem Tod abzufinden. Seine Sinnlichkeit bringt Lust und Zerstörung in einen Zusammenhang.

Don Juan tanzt von einer Frau zur anderen, weil keine die letzte sein darf.

Santi Hernandez, Enrique Piedra, Juan Cantero, Cora Linea, Brigitta Luisa Merki, Maria Vivó, Juana Maria   Foto Cunégonde Peter

Antonio Alonso, Maria Vivó   Foto Cunégonde Peter

Pressespiegel

A Juan (1987)

...derart geglückte Einheit gilt als Definition für ein Meisterwerk.
Neue Zürcher Zeitung, 6. November 1987

A Juan ist eine subtile Charakterzeichnung, die den Betrachter überzeugt.
Die kleine Deutschlandtournee der im schweizerischen Baden ansässigen
Gruppe gehört zu den stillen Sensationen der deutschen Tanzspielzeit.
Frankfurter Allgemeine Zeitung, 10. Dezember 1988

Dramaturgie und Personenführung, der Einbezug der Musiker und Sänger in die Haltung, dazu Antonio Robledos ebenso traditionelle wie (...) innovative Partitur verhelfen hier dem Flamenco zu einer so gekonnt selten zu erlebenden Erzählfertigkeit. Ein grossartiges Gastspiel, fürwahr. *Stuttgarter Zeitung*, 13. Februar 1990

Brigitta Luisa Merki, Generoso de Castro Sanchez   *Foto Christian Altorfer*

Tanzcompagnie
Flamencos en route

Contrastes

Contrastes

(Obsesión, Don Quijote y Sancho Panza, Ritmo)

Uraufführung 23. Mai 1990 – Kurtheater Baden

Tourneen: Schweiz, Deutschland, Österreich, Ungarn, Italien

Choreografie: *Susana*. Musik: *Antonio Robledo*.

Tanz: *Marta Jimenez, Cora Linea, Brigitta Luisa Merki, Juana Maria,
Teresa Martin, Fernando Villalobos.*
Gesang: *Juan Cantero, Momi de Cádiz.*
Gitarre: *Paco Cruz, El Niño de la Leo.*

Paco Cruz, Juan Cantero, Fernando Villalobos   *Foto Christian Altorfer*

Fernando Villalobos   *Foto Christian Altorfer*

Kostüme: Obsesión: *Iris Caspar.* Don Quijote y Sancho Panza: *Fabia Puigserver.* Ritmo: *Katharina Moser.*

Schneiderei: *Katharina Moser, Carmen Pérez Mateos, Barbara Rutishauser.* Bühne, Licht, Plakat: *Tobias Scherer.* Ton: *Martin Schwager.*

Technik: *Tobias Scherer, Martin Schwager, Peter Hartmeier.* Fotografie:
Christian Altorfer. Programmheft: *Ueli Röthlisberger, Brigitta Luisa
Merki, Christian Altorfer.* Administration: *Peter Hartmeier.*
Direktion: *Brigitta Luisa Merki, Teresa Martin.*
Künstlerische Leitung: *Susana und Antonio Robledo.*
Produktion: *Flamencos en route, Alfred Richterich.*

Obsesión

Choreografie: *Susana.* Musik: *Antonio Robledo*

Die musikalische Basis dieses Werkes ist ein alter, heute kaum noch bekannter
Flamencogesang: eine Bambera. Sie erklingt am Anfang in ihrer ursprüng-
lichen Form. Die verschiedenen Stücke sind auf einzelne Motive dieses
Gesanges aufgebaut. Jede Musik hat eine ihr eigene Instrumentalbesetzung.
Fünf archetypische Frauen sind besessen, ihre Individualität und ihren
spezifischen Lebensrhythmus zu entfalten. Diese Bewegung wird initiiert
durch einen Flamencogesang, interpretiert von Enrique Morente, der die
Frauen völlig unerwartet überrascht. Die Stimme ruft hinaus ins Leben.
Jede Frau folgt diesem Ruf und sucht den Dialog ihrer Persönlichkeit gemäss.

Don Quijote y Sancho Panza

Choreografie: *Susana.* Musik: *Antonio Robledo.*

In vier Bildern folgen wir dem nimmermüden Don Quijote auf seinem
Weg der Unruhe. Er will das Unmögliche erreichen und tanzt um seine
hochgesteckten Ideale und verrückten Phantasien. Eine ungestüme, ver-
spielte und erfinderisch geistreiche Kraft ist der unaufhörliche Antrieb
seiner Unternehmungen. Er steht unangepasst, weltfremd und schwierig
definierbar im Kontext mit seiner Umwelt. In treuer und inniger
Freundschaft verbunden steht ihm sein gegensätzlicher Partner Sancho
Panza zur Seite. Er vertritt die realen, erdgebundenen Werte. Ein lebendiger Dialog verbindet diese unsterbliche Partnerschaft. Sie steht sinnbild-
lich für den Kontrast zwischen ritterlichem Traum und greifbarer Realität,
idealisierter Verrücktheit und elementarer Verständigkeit, Bildung und
Naivität und auch zwischen Genialität und Bauernschläue.

Fernando Villalobos, Marta Jimenez   *Foto Marc Funk*

Ritmo

Eine Produktion der ganzen Compagnie unter der Leitung von Susana und Antonio Robledo.

Die innere Struktur dieser Kreation ist das ständige Wiederholen und Auflösen verschiedener Flamencorhythmen. Der Rhythmus, das prägende und ureigenste Element des Flamenco, ist hier die Basis der gemeinsamen Schwingung. Rhythmus ist Puls, ist Leben, ist persönlicher Ausdruck. Rhythmus verbindet die Individuen in der Gruppe, ohne ihre persönliche Expressivität einzuschränken. Diese Kreation soll im speziellen dem einzelnen auch ermöglichen, seinen Stil zu entfalten und seine persönlichen Rhythmen einzubringen.

Pressespiegel

Contrastes (1990)

Die vier Episoden vermögen in ihrer choreografischen Vielfalt und Dynamik für sich allein zu bestehen. Niemand braucht den Roman *Don Quichote* zu kennen, um die tänzerische Entfaltung und Spannung erleben zu können. (...) Dank auch der imponierenden Leistungen der beiden Gitarristen El Niño de La Leo und Paco Cruz und des Sängers Momi de Cádiz wurde die Aufführung zu einem begeistert bejubelten Erfolg.
Neue Zürcher Zeitung, 25. Mai 1990

Keine schmalzige Folkloreshow für Touristen, sondern puristischer Flamenco. Streng, technisch perfekt und voll majestätischer Haltung präsentiert sich das in der Schweiz ansässige Ensemble *Flamencos en route* unter dem Titel «Contrastes» (...) den stolzesten den Kunst-Tänze.
Kurier, Wien, 8.März 1991

Wie ein Feuerwerk entzündet sich nach und nach ein neckisches Hin und Her zwischen Musikern und Tänzerinnen – und entwickelt einen Sog, dass es eigentlich nie wieder enden dürfte.
Tanz Aktuell, Deutschland, No 7/90

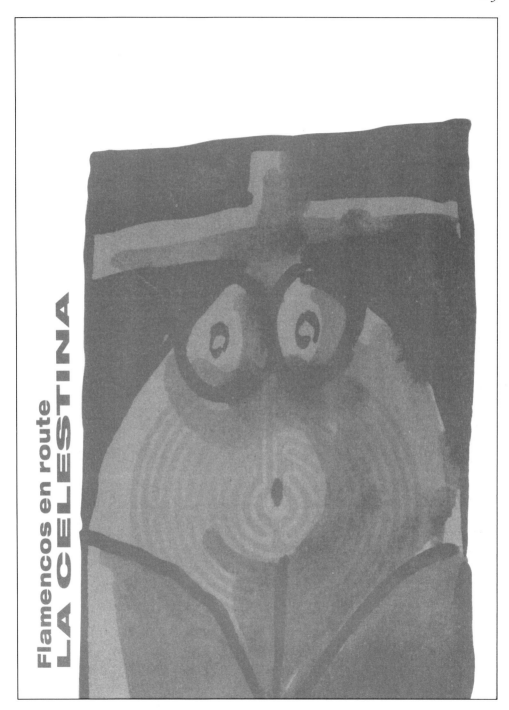

La Celestina

Uraufführung 19. Oktober 1991 – Theater Casino, Zug

Tourneen : Festival der Frauen, Hamburg, Bienal de Arte Flamenca, Sevilla, Bregenzer Festspiele, Österreich, Ungarn, Italien, Luxemburg, Schweiz

Konzeption / Libretto: *Susana*. Musik: *Antonio Robledo*. Choreografie: *Teresa Martin*.

Tanz: Celestina: *Brigitta Luisa Merki*. Melibea: *Manoli Rodriguez*. Calisto: *Miguel Angel*. Alle anderen Figuren: *Juana Maria, Carmen Rodriguez, Josefa Locher, José Correia, Alejandro Granados*. Gesang: *Maribel Marin*. Gitarre: *El Niño de la Leo*.

Brigitta Luisa Merki, Alejandro Granados, Josefa Locher, José Correia, Juana Maria, El Niño de la Leo   *Foto Christian Altorfer*

Miguel Angel, Brigitta Luisa Merki   Foto Christian Altorfer

Kostüme: César Olivar. Schneiderei: *Katharina Moser, Carmen Pérez Mateos*. Bühne / Licht: *Tobias Scherer*.

Neue Instrumentalaufnahmen: *Jürg Fehr, Zürich*. Choraufnahmen, Tonschnitt und Mischung: *Peter Pfister, Mobiles Tonstudio, Berikon*. Sprechchor: *Kammersprechchor Zürich*. Künstlerische Leitung: *Richard Merz*. Dirigent: *Bernhard Erne*. Einzelstimmen: *Christina Stöcklin, José Correia*.

Technik: *Tobias Scherer, Dave Scherer, Peter Hartmeier*. Programmtexte: *Markus Fischer, Brigitta Luisa Merki*. Fotos: *Christian Altorfer, Brigitta Luisa Merki*. Plakat / Programm: *Atelier Steinemann, Visuelle Gestaltung, Neuenkirch*.

Künstlerische Leitung: *Susana und Antonio Robledo.*
Direktion: *Brigitta Luisa Merki, Teresa Martin.*
Administration / Tourneeorganisation: *Peter Hartmeier.*

Carmen Rodriguez, Josefa Locher, Juana Maria, Brigitta Luisa Merki
Foto Christian Altorfer

Die Geschichte, die uns erzählt wird, lässt sich in grossen Zügen rasch zusammenfassen. Sie wäre eigentlich gar nicht besonders originell, nähme
sie nicht so ein umfassend trauriges Ende. Ein junger Mann namens Calisto verliebt sich bei einer zufälligen Begegnung in eine Dame, Melibea.
Sie ist ebenfalls jung, natürlich schön und erst noch aus besserer Familie
und intelligenter als er. Da sie ihn zunächst scharf abweist, wendet er sich
über seine Diener an die stadtbekannte Kupplerin Celestina. Diese beschwört zunächst den Teufel und bewirkt mit dessen gütigem Beistand,
dass Melibea sich doch noch in Calisto verliebt. Bis hierhin geht alles gut,
danach aber lässt sich das Verhängnis nicht mehr aufhalten. Calistos Diener verlangen von Celestina einen Teil der Belohnung, die sie erhalten hat,
es kommt zum Streit, und die beiden ermorden die Kupplerin. Auf der
Flucht stürzen sie aus einem Fenster, werden ergriffen und hingerichtet.

Brigitta Luisa Merki   *Foto Christian Altorfer*

Das nächste Opfer ist Calisto: wie er bei einem seiner nächtlichen Be-su-
che mit einer Leiter die Mauer übersteigen will, die Melibeas Garten um-
gibt, stürzt er zu Tode. Darauf inszeniert Melibea einen feierlichen Selbst-
mord: sie steigt auf einen Turm, erzählt von dort oben herab ihrem Vater,

der unten steht, die Geschichte ihrer unglücklichen Liebe und stürzt sich hinunter. Der Stürze sind hier gar viele. Aus dieser ganzen thematischen Vielfalt hat *Flamencos en route* nur die wichtigen Grundelemente übernommen, nämlich die Liebesbeziehung von Calisto und Melibea und die dämonische Welt der Celestina. Damit entsteht ein spannungsvoller Gegensatz zwischen den höfischen Ritualen auf der Seite der Verliebten und der witzigen, grotesken und poetischen Lebensfülle im Bereich Celestinas. Treibende Kraft ist in beiden Fällen der Eros.

Pressespiegel

La Celestina (1991)

Griff ins volle Menschenleben! (...) jeder auf seine Weise einzigartig – mit vollen Händen ins menschliche (Trieb-)Leben; ihre Kunst besteht darin, das Spiel (fast) so aussehen zu lassen, wie das wirkliche Leben. Der Darstellerpreis freilich gebührt Brigitta Luisa in der Rolle der Kupplerin Celestina, die die Vitalität und Lebensgier der Rolle auf fast schon öbszöne, erschreckende Art mit der Gebrechlichkeit einer alten Frau vereint; gemein und vulgär, aber auch menschlich und anrührend. Das bemerkenswerteste Phänomen ist die Truppe *Flamencos en route* an sich.
Frankfurter Allgemeine Zeitung, 9. Dezember 1991

Beifallsstürme für *Flamencos en route* in der Staatsoperette. *Celestina* hiess das Programm, die alte spanische Geschichte um eine Kupplerin. Mit dem *Flamenco* als Wortschatz wurde diese Geschichte, teils mit elektronischer Musik vom Band, gespielt und getanzt. Erstaunlich, was die Truppe dem Flamenco entlockte: Komik, Tragik, Groteske, Banalität, eben das pralle Leben. Das Beste: die «gespielte» Fiesta mit typischem Cante (Gesang) und Gitarre – ein Leckerbissen auch für alle, die Flamenco pur lieben. Ein leuchtender Funkensturm an Begeisterung sprang da ins Publikum über.
Morgenpost, Dresden, 5. Juni 1993

TANZCOMPAGNIE
FLAMENCOS EN ROUTE
10 AÑOS EN ROUTE

RONDÓN

Rondón

Uraufführung 4. November 1994 – Kurtheate, Baden

Tourneen: Schweiz, Deutschland, Italien, Österreich

Musik: *Antonio Robledo*. Konzept und Choreografie: *Brigitta Luisa Merki*.

Ausstattung: *Marcel Zaba*.

Musikarrangement Carmenszene und Chortraining: *Jürg Fehr*.

Tanz: *Teresa Martin, Manoli Rodriguez, Carmen Rodriguez, Judith Zapatero, Marcos Arvid, José Correia, Antonio Parra*.

Gesang: *Maribel Marin, Jeronimo «Momi de Cadiz»*.
Gitarre: *Joaquín Lineras Cortés «El Niño de la Leo», Manuel Millán «El Lito»*.

Bär: *Brigitta Luisa Merki, Maria Eugenia d'Aquino*.

Choreografieassistenz: *Maria Eugenia d'Aquino*.

Licht: *Tobias Scherer*. Ton: *Heinz Schadl*. Schneideratelier: *Carmen Pérez Mateos, Barbara Rutishauser*. Bühnenbildherstellung und Technik: *Peter Hartmeier, Tobias Scherer*. Karussellentwurf: *Erich Merki*. Tonaufnahmen: *Jürg Fehr, Peter Pfister*.

Fotos: *Marc Funk, Christian Altorfer*. Grafik: *Rose Müller, Ilia Vasella*. Administration: *Peter Hartmeier*.

Direktion: *Brigitta Luisa Merki, Teresa Martin*.

Marcos Arvid *Foto Marc Funk*

Rafael Alberti

Invitación a un viaje sonoro   **Einladung zu einer Reise in Tönen**

Rameau – Minue   Rameau – Menuett

Hasta pronto, flor.   Auf bald, Blume.
Hasta luego, risa.   Bis später, Lachen.
Buenas noches, gracia.   Gute Nacht, Anmut.
Brisa, buenos días.   Wind, guten Tag.

Si me das la flor,   Wenn du mir die Blume gibst,
yo te doy la risa.   geb ich dir das Lachen.
Hasta luego, gracia.   Bis später Anmut.
Hasta pronto, brisa.   Auf bald, Wind.

*Manoli Rodriguez, Carmen Rodriguez, Judith Zapatero, Teresa Martin, José
Correia*   *Foto Christian Altorfer*

Manoli Rodriguez   *Foto Christian Altorfer*

Si me das la gracia,	Wenn du mir die Anmut gibst,
yo te doy la brisa.	geb ich dir den Wind.
Buenas noches, flor.	Gute Nacht, Blume.
Rosa, buenos días.	Rose, guten Tag.
Hasta pronto, gracia.	Auf bald, Anmut.
Hasta luego, brisa.	Bis später, Wind.
	Übersetzung: Erwin Walter Palm

Die unvergleichliche Frische und unmittelbare Lebhaftigkeit von Albertis Gedicht machen es mir leicht, die 10 Jahre *Flamencos en route* für einmal auf
die leichte Schulter zu nehmen. Bei soviel Licht und Leichtigkeit rücken der

verflossene Schweiss und die Anstrengung der schwer durchgestandenen Momente ins Abseits. Im Vordergrund steht der Spass am Versuch und die Freude an der Verwirklichung der Idee *Flamencos en route*. Diese Idee und den Mut dazu verdanken wir Susana, und ihr ist unser Festprogramm *Rondón* gewidmet. An dieser Stelle möchte ich auch allen danken, die sich irgendwann in irgendeiner Form für *Flamencos en route* eingesetzt haben. Mein besonderer Dank geht an die Tänzer und Tänzerinnen, an die Musiker, Sänger und Sängerinnen von *Flamencos en route*, die es möglich gemacht haben, durch ihre wunderbare Zusammenarbeit die richtige «aire» und die authentische «gracia» von *Rondón* auf die Bühne zu zaubern.   Brigitta Luisa Merki

Pressespiegel

Rondón (1994)

Da entfächert sie einen Bilderbogen der klassischen Formen, Alegrias, Tangos, por Soleá und so fort, und beweist, dass ihre Mitglieder allesamt Künstlerinnen und Künstler ersten Ranges sind. In beeindruckenden Gruppenszenen mit überaus homogenen, oft kraftvoll-hinreissenden Zapateados und Palmas und herausragenden individuellen Leistungen. *Der Bund*, Bern, 9.November 1994

Tanzcompagnie
Flamencos en route

el canto
nómada

el canto nómada

Uraufführung 17. Oktober 1997 – Kurtheater Baden

Tourneen: Schweiz, Deutschland, Italien

Künstlerische Leitung, Choreografie: *Brigitta Luisa Merki*. Musik: *Antonio Robledo*.

Flamencosängerin: *Carmen Linares*.
Vier Frauenstimmen (Vokalquartett «Asonancia»): *Lina Maria Åkerlund, Martina Bovet, Sylvia Nopper, Barbara Sutter*.
Zwei Klaviere: *Antonio Robledo*. Gitarre: *El Niño de la Leo, Juan Antonio Gomez*. Gesang: *Jeronimo «Momi de Cadiz», Reyes Martin*.
Perkussion, Aufnahmeleitung und musikalische Einstudierung Frauenstimmen: *Jürg Fehr*. Tonaufnahmen: *Peter Pfister, Mobiles Tonstudio*.

Tanz: *Rocio Acosta, Ania Losinger, Carmen Orta, Manoli Rodriguez, Elena Vicini, Judith Zapatero, Miguel Angel*.

Choreografieassistenz / Training: *Christine Neumeyer,* Professorin an der Hochschule für Musik u. Darstellende Kunst Heidelberg / Mannheim. Regieassistenz: *Maria d'Aquino*, Teatro Arsenale, Milano

Tai Chi und Atemtraining: *Jürg Fehr*. Bühnenkonzeption: *Brigitta Luisa Merki*. Bühnenrealisation: *Roy Spahn*. Werkstatt: *Roli Altermatt, Peter Hartmeier, Thomas Küng, Roy Spahn*. Malerei: *Herta Eppler-Joggi*. Kostüme: *Carmen Pérez Mateos, Barbara Rutishauser*. Licht: *Stephan Haller, Thomas Küng*. Fotos: *Marc Funk, Christian Altorfer*. Grafik: *Rose Müller*. Administration: *Peter Hartmeier*.

Carmen Orta   *Foto Marc Funk*

Andando se hace camino – im Gehen entsteht der Weg

Das Nomadisieren ist zur Modellsituation im Leben vieler Menschen geworden. Es gibt die freiwilligen, nach Veränderung und kultureller Beweg-
lichkeit suchenden Wanderer und die unfreiwilligen, zum Aufbruch oder zur
Flucht gezwungenen Nomaden. Die Letzteren sind extremen Grenzsituatio-
nen ausgesetzt, die ihre höchste Kraft und Lebensintensität erfordern, um
ihren Weg zu gehen. Ihre beschwerliche Wanderung gilt einem Ort der
Zuversicht und Unverletzlichkeit. Es ist die Idee des immer möglichen
Neuanfangs, der sie wie ein Leitmotiv auf ihrem Pfad weiterführt.
el canto nómada, unser Nomadenlied, verleiht die Stimme jenen ins Exil
gezwungenen Nomaden, deren widersprüchlicher Zustand die Lyrikerin
Hilde Domin, selbst Nomadin, in ihrem Gedicht *Ziehende Landschaft* zitiert. Es ist die Stimme, die den Mut zum Weggehen und zur Veränderung
ohne Verlust der eigenen Identität fordert. Ein Weitergehen, ohne den Boden unter den Füssen zu verlieren. *el canto nómada* ist eine Annäherung

Judith Zapatero, Manoli Rodriguez, Carmen Orta, Elena Vicini, Ania Losinger,
Rocio Acosta   *Foto Christian Altorfer*

Judith Zapatero, Elena Vicini, Manoli Rodriguez, Carmen Orta Foto Marc Funk

an die Welt derer, die unterwegs sind, dabei existenziellen Gefahren ausgesetzt sind und sich dennoch immer vorwärts bewegen.

Eine unerklärliche Kraft, ein gemeinsamer Rhythmus zwingt hier eine Gruppe von Frauen, ihren Weg ins Ungewisse unbeirrt fortzusetzen. Sie besitzen nichts Festes. Ihre Habe ist auch ihre Hülle und ihr Schutz. Nur das Notwendigste auf sich tragend, trotzen sie dem Schicksal jeden Funken Leben ab. Ihr *Tanz vom Heute zum Morgen* ist Ausdruck intensivster Wahrnehmung des Augenblickes und Überwindung der Lebensangst. Eine Lebensqualität, die dem Flamenco in seiner Ursprünglichkeit entspricht. Der Flamenco ist in seiner Essenz ein Nomadengesang. Das Nomadenhafte als charakteristischer Wesenszug liegt in seiner Geschichte der steten Bewegung und Veränderung begründet. Der Flamenco hat Völkerwanderungen, Rassendiskriminierungen und Kriege überlebt und auf seiner Wanderung Fremdes und Neues assimiliert, ohne sich selber assimilieren zu lassen.

Aus alten Formen und Ritualen heraus werden stets neue geschaffen. Der Flamenco, dessen vitale Ausdrucksform das Unausweichliche, Dunkle sowie die hoffnungsvolle Vision offenbart, entwickelt sich auch heute durch Interpretinnen und Interpreten verschiedener Prägung und Herkunft. Das Alte schliesst das Neue nicht aus und umgekehrt.

Pressespiegel

El canto nómada (1997)

Wer hätte das zu hoffen gewagt? Sechs Frauen auf der endlos weiten Bühne vom Kulturpalast, allerdings charaktervolle Flamenco-Tänzerinnen mit Präsenz, Kraft, und tatsächlich gelingt es den Teufelinnen, über alle räumlichen und möglicherweise auch Erwartungs-Distanzen hinweg mehr als 2000 Zuschauer in den Bann zu ziehen. (...) das ist eigentlich wahre Kunst: auf jeder Bühne überzeugen zu können, egal, wie gross oder wie klein sie ist. (...) und zum Schluss (...) besonderer Beifall für Brigitta Luisa Merki, Tänzerin und Choreographin.
Morgenpost am Sonntag, Dresden

El canto nómada, nach einer wunderschönen Komposition des innovativen Komponisten und Ballettschöpfers Antonio Robledo (...) und die grossen Stimmen, wie jene der Flamencosängerin, Carmen Linares, von der sich die aufwühlenden Choreographie der künstlerischen Leiterin Brigitta Luisa Merki tragen lässt. Merki und Robledo haben dem wandernden Volk ein theatralisches Merkmal gesetzt.
Badische Zeitung, Deutschland

Welch eine Kraft, was für Gesichter, was für Frauen!
Neue Luzerner Zeitung, Luzern

El canto nómada: Hier hat Robledo aus der Atmosphäre des Flamenco ganz neue Klang- und Formmöglichkeiten kreiert, die immer reiner, tragender Ausdruck sind. (...) Merki erweitert, wie der Komponist, die Ausdrucksmöglichkeiten, Elemente des expressiven Ausdruckstanzes bereichern das Vokabular, sind klug und situations-entsprechend eingesetzt.
Neue Zürcher Zeitung, Zürich / *Ballett-Journal,* Schweiz

Soleá
and
the Winds

**Tanzcompagnie
Flamencos en route**

Choreographie:
Brigitta Luisa Merki, Colin Connor
Musik: Antonio Robledo

Soleá and the Winds

Uraufführung 21. Oktober 1999 – Kurtheater Baden

Tourneen: Schweiz, Italien, Deutschland, Luxemburg

Choreografie: *Brigitta Luisa Merki, Colin Connor.* Musik: *Antonio Robledo.*

Tanz: *Adriana Maresma Fois, Maria del Puerto, Manoli Rodriguez, Elena Vicini, Judith Zapatero, Rick Merrill, Anthony Phillips, Sebastian Rowinsky, Nicholas Turicchia, Michael Yasenak.*

Instrumentalisten: *Antonio Robledo,* Klavier; *Roman Strassmann,* 1. Violine; *Alessandro Pioda,* 2. Violine; *Pascale Brem,* Bratsche; *Hannes Wyss,* Cello; *Marc Jacot,* Fagott; *Christoph Brunner,* Pauken, Congas; *Michael Kessler,* Kontrabass; *Jürg Fehr,* Keyboard, Perkussion und Saxophon.

Musik: *Antonio Robledo*: Komposition für Streichquintett, Klavier, Fagott und Perkussion. *Jürg Fehr*: Komposition 3./4. Bild, Aufnahmeleitung, Assistenz, Rhythmustraining.

Aufnahmen: *Starboat Studio Baden, Rolf Stauffacher, Max Lässer.* Mix: *Max Lässer.*

Klassisches Training: *Hans Forrer.* Zeitgenössisches Training, Assistenz: *Rick Merrill.*

Bühnendesign: *Herta Eppler-Joggi.* Bühnenrealisation: *Peter Hartmeier, Herta Eppler-Joggi.* Kostümdesign: *Charles Schoonmaker.* Schneiderei: *Carmen Pérez Mateos, Barbara Rutishauser.* Licht: *Rolf Derrer.* Technik: *Thomas Küng.* Fotos: *Marc Funk, Christian Altorfer.* Grafik: *Rose Müller.* Druck: *Albdruck; Birchler Screenprint.* Administration: *Peter Hartmeier, Monica Cantieni.*

Nicolas Turicchia, Adriana Maresma Fois, Anthony Phillips, Michael Yasenak, Sebastian Rowinsky, Judith Zapatero   *Fotos Christian Altorfer*

Soleá and the Winds ist die Verwirklichung der Idee eines neuen Dialoges zwischen Flamenco und zeitgenössischem Tanz.

Die gemeinsam kreierte Choreografie von Brigitta Luisa Merki und Colin Connor ermöglicht die Begegnung zwischen fünf rhythmusbesessenen Flamencotänzerinnen und fünf verspielten zeitgenössischen Tänzern. Die Choreografie schafft ein knisterndes Spannungsfeld der gegensätzlichen Prinzipien, die einander anziehen und abstossen. Sie erzählt in verschiedenen Liebesduetten die Geschichte einer Annäherung und die des unterschiedlichen Steh- und Flugvermögens dieser Frauen und Männer.

Die Frauen verkörpern die Erde, deren sich stetig wiederholende Strukturen, deren Kontinuität; ein Stück Ewigkeit. Sie lassen die Erde mit ihren geschlagenen Rhythmen erbeben; Schritt für Schritt, bis der Wind sie

berührt und sie sich von seiner Leichtigkeit aus ihrer irdischen Ruhe bringen lassen.

Die Männer verkörpern die Luft, ihre Leichtigkeit, das stürmische Chaos;
den flüchtigen Moment. Angeregt durch die komplexen Rhythmen und in
Bann gezogen von der ruhevollen Anziehungskraft der Erde, lassen sie
sich auf einen grossen Liebestanz ein.

Wir möchten allen Tänzerinnen und Tänzern besonders danken für ihre
kreative Zusammenarbeit in der Entwicklung dieses Projektes.
Brigitta Luisa Merki und Colin Connor

Adriana Maresma Fois, Anthony Phillips   *Foto Christian Altorfer*

Pressespiegel

Soleá and the Winds (1999) Liebeslieder

Durchaus in Bewahrung der Tradition, die Brigitta Luisa Merki, die sie von Susana Audeoud empfing, gestaltet sie die Komplexität der Frau bis in die feinsten Nuancen hinein. Ihre besondere Aufgabe ergibt sich aus dem Kontrast der Frauen zu den Männern, aus der Entfaltung von Konfrontation und Konvergenz. Auffällig beider Choreografen ist das Bemühen, ihre Idiomatik rein zu erhalten. Der Weg dazu ist schwierig und vollendet sich erst spät und eindrucksvoll dann, wenn die Tänzer sich zurücknehmen und auf die Frauen wirklich eingehen. Intensität und Sparsamkeit lassen das Vorhaben gelingen. (...) Das Mit- und Ineinander von Flamenco-Tanzdrama und Modern-Dance-Gestaltung überzeugt. (...) Der Gestaltungsvielfalt des einen gilt Brigitta Luisas höchst professionelle Flamenco-Choreografie; prägnant und beherrscht im Ausdruck zeigt sich gerade im Detail ihre besondere Kunst. Colin Connor schafft, erleichtert durch einen völlig anderen Tanzstil, einen echten Kontrast dazu. (...) *Von Soleá and the Winds – Liebeslieder* empfängt die Kunst des Flamenco in der Gegenwart einen starken innovativen Impuls.
Ballett-Journal, Deutschland, 1. Dezember 1999

Selten waren solche anziehend-abstossenden Annäherungsversuche zweier Tanzstile in letzter Zeit in Zürich zu sehen und werden es auch kaum bald wieder werden. Ein schöner Abend für progressive Menschen, die sich gerne mal von sehr gut getanzten, aber aussergewöhnlichen Experimenten verführen lassen wollen.
P.S., Schweiz, 13. Januar 2000.

Mann trifft Frau, moderner Tanz trifft Flamenco, Luft trifft Erde. «Liebeslieder» heisst das Stück im Untertitel, für das sich Brigitta Luisa Merki, die Mitbegründerin von Flamencos en route, mit dem Modern-Dance-Choreografen Colin Connor zusammengetan hat. Doch wir sehen keinen Flirt, eher eine Herausforderung; einen Kampf der Elemente. (...) Diese Geschlechtersymbolik wirkt übrigens nur auf dem Papier grauenhaft verbraucht. Auf der Bühne macht das ungleiche Choreographenduo wunderbare Szenen daraus. *Soleá and the Winds* lebt vom Reiz der ungewöhnlichen Tanz-Begegnung.
Stuttgarter Nachrichten, 30. November 1999

Das neueste Stück der schweizerischen Tanztruppe Flamencos en route markiert eine ungewöhnliche, ja radikale Entwicklung in ihrer nun schon fünfzehn Jahre währenden Geschichte. Erstmals überhaupt versucht eine Produktion nicht etwa nur eine behutsame Erneuerung oder Erweiterung des traditionellen Flamenco, sondern konfrontiert ihn direkt und ohne Umschweife mit dem modernen Tanz. (...) Dass sie einander etwas zu geben haben sich etwas zu denken zu geben haben, das hat dieses Stück indes bewiesen. Brigitta Luisa Merki und (...) Colin Connor haben gemeinsam ein Stück für fünf Flamencotänzerinnen und fünf zeitgenössische Tänzer geschaffen, das bei seiner Deutschlandpremiere im Wagner Theaterhaus grossen Eindruck beim Publikum machte.
Stuttgarter Zeitung, 2. Dezember 1999

Flamenco flirtet mit modernem Tanz. Schon der ungewöhnliche Titel des Stückes der hoch renommierten schweizerischen Tanztruppe *Flamencos en route* kündigt seinen geradezu revolutionären Charakter an. (...) *Flamencos en route* hat wieder einen Stein in den Tanzsee geworfen, der sich nun in äusserst attraktiven Wellen kräuselt. Wieder souverän die von Antonio Robledo eigens komponierte, unerhört tanzdienliche Kammermusik für Streichquintett, Klavier, Fagott und Perkussion.
Reutlinger Generalanzeiger, Deutschland, 3. Dezember 1999

Mit ungebrochener Kreativität erzählen die Ensemblemitglieder von *Flamencos en route* eine neue Geschichte und stellen die Vielfältigkeit ihrer Produktionen unter Beweis. Mit ihren gleichmässigen Rhythmen des klassischen Flamenco, wunderschön getanzt in den ersten Szenen, scheinen die fünf Frauen unantastbar. Doch nur, bis sie vom Wind, von der Luft berührt und schliesslich verführt werden in Gestalt der fünf Tänzer. Dabei bleibt die Geschichte, wie die Aufführung von *Soleá and the Winds* bewies, für das Publikum nacherlebbar. Die Kulisse wird zum Ausdrucksmittel, welches das hohe Mass an tänzerischem Können verdeutlicht und den Blick nicht ablenkt, sondern zum Tanz hinwendet. Mit «Ich bin im Traum und kann den Windgeschenken kaum glauben ...» beschreibt ein Gedicht von Hilde Domin das, was *Soleá and the Winds* auf der Stadttheaterbühne war – ein Traum von Flamenco und modernem Tanz.
Wilhelmshavener Zeitung, 7. Februar 2000.

Anthony Phillips, Maria del Puerto   *Foto Marc Funk*

Manoli Rodriguez, Michael Yasenak   *Foto Christian Altorfer*

Bei ihrem dritten Mailänder Gastspiel hat die Choreografin Brigitta Luisa
Merki Colin Connor, Choreograf für zeitgenössischen Tanz, hinzugezo-
gen; daraus ist ein Tanzabend der starken Kontraste hervorgegangen; neu
in seiner Konzeption, dennoch der Tanzsprache der Compagnie treu ge-

blieben. Alle Musik Robledos hat Spaniens und Europas Gerüche; sie streifen die Folklore und tauchen unversehens in den «Pop». (...) Viel Publikum, viel Applaus im Theater Litta für das neue Bühnenwerk der Compagnie *Flamencos en route*.
Corriere della Sera, Milano, Italien, 12. November 1999

Erde und Luft erweisen sich als gültige Metaphern, welche den statisch-würdevollen Flamenco mit den raumgreifenden Wirbeln des Modern Dance weniger als Kampf denn als elementare Verständigung der Geschlechter anzudeuten vermögen. Die Auseinandersetzung jedoch, das macht die Choreografie bemerkenswert, ist alles andere als eine formale. Wie selbstverständlich entsteht sie im Bühnenaugenblick, ohne die unterschiedliche Identität preiszugeben.
Basler Zeitung, Schweiz, 11. Mai 2001

Nach der einstündigen Aufführung von *Soleá and the Winds* sollte man nicht nur den Protagonisten, sondern auch den zwei Choreografen ein grosses Lob aussprechen, schliesslich haben es Brigitta Luisa Merki und Colin Connor geschafft, den Flamenco mit dem Modern Dance zu vereinen - ein schwieriges, aber geglücktes Unterfangen.
Deister- und Weserzeitung, Hameln, 23. April 2001

Das Versprechen eines «knisternden Spannungsfeldes», das die Truppe in der «Begegnung zwischen fünf rhythmusbesessenen, erdverbundenen Flamencotänzerinnen und fünf verspielten, virtuosen Tänzern des zeitgenössischen Tanzes» angezeigt hat, wird ohne Abstrich eingelöst: was als Konfrontation beginnt, wächst allmählich zu gehaltvoller Gemeinsamkeit ineinander. «Grosse» Nummern mit allen Beteiligten wechseln ab mit subtil gestalteten Begegnungen zwischen Einzelnen, ausgefeilte Ensembles lösen sich in Pas de deux von packender Intensität auf, solistische Momente steigern sich zu imponierenden Tableaus.
Information Szene, Schweiz, 23. Oktober 1999

Fünf Männer fliegen scheinbar schwerelos durch die Luft, fünf Frauen lassen mit erdigen Schritten den Boden erbeben. Zeitgenössischer Tanz und Flamenco begegnen sich; eine Fusion, die wohl noch nie da gewesen ist. Brigitta Luisa Merki von der Tanzcompagnie *Flamencos en route* hat

es zusammen mit dem zeitgenössischen New Yorker Choreographen
Colin Connor gewagt – und gewonnen. Das Projekt *Soleá and the Winds
– Liebeslieder* eröffnet verblüffende Perspektiven.
Brückenbauer, Schweiz

Endlich wieder einmal klare Strukturen! (...) *Soleá and the Winds*, die
elfte Produktion der Tanzcompagnie *Flamencos en route* in fünfzehn
Jahren, ist sorgfältig konzipiert und ausgearbeitet. Antonio Robledo hat
eine vielschichtige Bühnenmusik dazu komponiert. (...) Die Choreografie
von Brigitta Luisa Merki, der Chefin von *Flamencos en route*, und Colin
Connor aus New York, dem zeitgenössischen Tanz verpflichtet, hat viele
Höhepunkte.
Tages Anzeiger, Zürich, 23. Oktober 1999

Die Entdeckung, das Ausleben und Deutlichmachen der Verwundbarkeit
der Männer, dieses oft als feminin bezeichneten Wesenszugs, ist eine der
grossen Überraschungen in *Soleá and the Winds*. Hier wird ein Männer-
bild präsentiert, das so im Flamenco undenkbar wäre. Insgesamt erweitert die Begegnung mit dem zeitgenössischen Tanz die Bild-, nicht die Be-
wegungssprache des Flamencos. Etwas, woran Brigitta Luisa Merki und
ihre Compagnie seit Jahren arbeiten. Dass diese Arbeit sich lohnt, zeigt
Soleá and the Winds deutlich.
Aargauer Zeitung, Aarau, 23. Oktober 1999

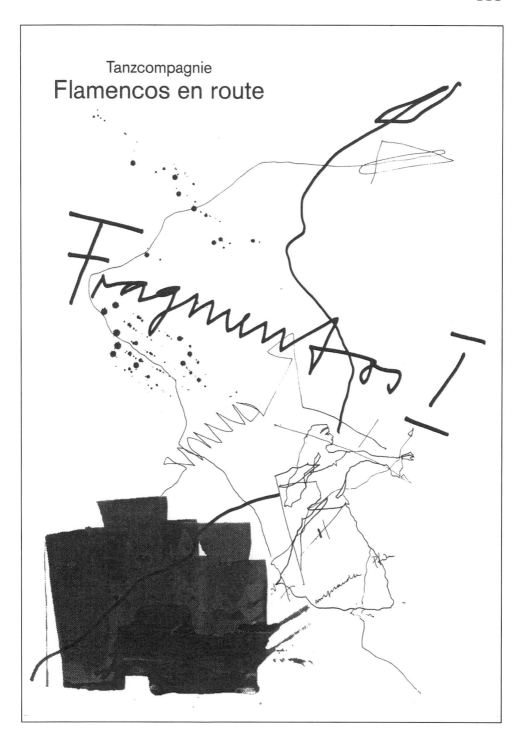

Tanzcompagnie
Flamencos en route

Fragmentos I

Uraufführung 24. März 2001 – ThiK. Theater im Kornhaus Baden

Tourneen: Schweiz

Künstlerische Leitung: *Brigitta Luisa Merki.*

Tanz: *Adriana Maresma Fois, Brigitta Luisa Merki, Maria del Puerto, Manoli Rodriguez, Nicolas Turicchia, Michael Yasenak.*

Maria del Puerto   *Foto Marc Funk*

Brigitta Luisa Merki   Foto Rolf Jenny

Perkussion / Stimme: *Nacho Arimany*. Gitarre: *Juan Gomez*. Flöte: *Georgia Gebauer*. Musikalische Mitarbeit, Tai Chi Training: *Jürg Fehr*.

Rauminstallation: *Herta Eppler-Joggi*. Kostüme: *Carmen Pérez Mateos*. Licht: *Michael Omlin, Adrian Fry*. Technische Mitarbeit: *Simon Egli-Rösch, Daniel Ott, Peter Hartmeier, Role Keller*.

Fotos: *Marc Funk*. Grafik: *Rose Müller*. Siebdruck: *Druckwerkstatt Alligator, Lenzburg*. Öffentlichkeitsarbeit: *Monica Cantieni*. Administration: *Peter Hartmeier*.

Metamorfosis

Im Themenkreis der Transformation geraten Raum, Tanz und Musik in den Sog des Unbeständigen, in den Sog des Willens, Zeit und Form zu überwinden. Pfeile der Sehnsucht und Leidenschaft durchdringen Raum und Körper der Tanzenden.

Inspiriert von Bildern und Wesen, die den Wandlungs- und Erweiterungsgedanken verkörpern, entwickeln sich Figuren und Geschichten, die Verbindungen zwischen gegensätzlichen Bereichen und Sphären schaffen.

La Centaura

Die Centaura – halb Frau, halb Pferd: Eine Metapher der Polarität in einem Wesen, zwei gegensätzliche Energien vereinend – das Animalische sowie die Kraft des Geistes. Oder wie in der Skulptur von Auguste Rodin dargestellt: Die Centaura, hin- und hergerissen zwischen geistiger Sehnsucht und animalischer Natur. Dieses Wesen symbolisiert den Wunsch nach Erfüllung sowohl des Einen wie des Andern. Gleichzeitig strebt es nach der Vereinigung der beiden Extreme – nach dem Unerreichbaren, dem Imaginären, der Vision und dem Wandel.

Manoli Rodriguez   *Foto Marc Funk*

Pressespiegel

Fragmentos I

Dass Prägnanz der gestalteten Form die Produktion so durchgehend be-
stimmt, liegt in hohem Masse an der oft geradezu medial anmutenden
Synchronizität von Musik und Bewegung. Und spannungsvoll bleibt offen, ob nun die Musik den Tanz oder der Tanz die Musik ruft. Stilistisch
erhält das Programm in Tanz und Musik den strukturierenden Halt und
die tragende Kraft durch die Elemente des Flamenco. Die Soli der beiden
Männer, auch das von Michael Yasenak, bringen elementar fliessende
Bewegung auf die Bühne und bringen einen Gegenpol zu den im strömend
vitalen Fluss so ungemein formstarken Tänzen der Frauen. Der Eindruck
eines blossen Nummernprogrammes entsteht nicht, weil Brigitta Luisa die
Übergänge organisch fliessend gestaltet, weil sie Paarbegegnungen vom
Zauber spielerischer Gefühlstiefe entstehen lässt und als erfrischende
Konzession an übliche Flamenco-Programme den Abend in einer kurzen
Buleria zu einem umjubelten Ende führt.
Neue Zürcher Zeitung, Zürich, 26. März 2001

Das Fragmentarische schlüpft für einen Augenblick in die Form des Voll-
kommenen.
Aargauer Zeitung, Aarau, 26. März 2001

Fragmentos I verwirklicht ein seltenes Miteinander und Ineinander von
Tanz und Musik. Ein beglückendes Erlebnis!
Tanz & Gymnastik, Schweiz, No. 2/01

Es ist leicht zu erkennen: Alle Beteiligten nutzen die Möglichkeiten dieser
«Fragmente» nicht, um sich mit Virtuosität «auszustellen»: ihr enormes
Können, ihre stupende Souplesse ist nie Selbstzweck, sondern schlicht
selbstverständliche Voraussetzung – Vehikel für den «Transport» jener
Fülle von Gedanken und Gefühlen, die an diesem Abend unablässig auf
das Publikum einstürmen.
Information Szene, Schweiz, 31. März 2002

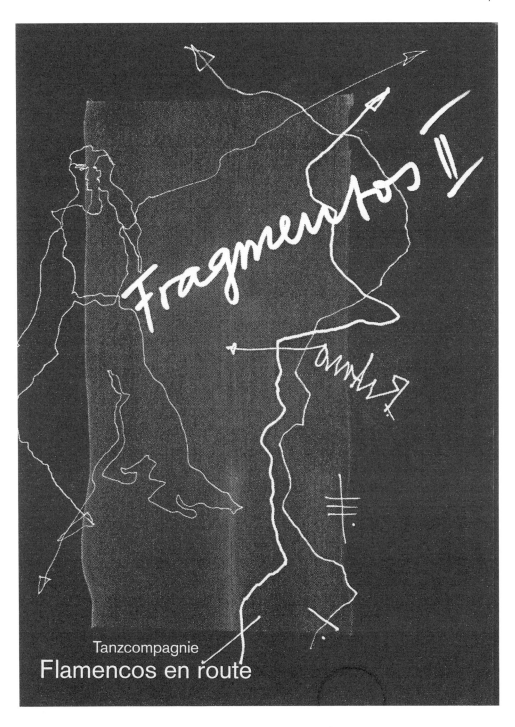

Tanzcompagnie
Flamencos en route

Fragmentos II

Uraufführung 26. Mai 2001 – ThiK. Theater im Kornhaus Baden

Tourneen: Schweiz

Künstlerische Leitung: *Brigitta Luisa Merki.*

Choreografie *! voy !*: *Teresa Martin.*
Choreografie *olé*: *Brigitta Luisa Merki.*

Tanz: *Almudena Hernandez, Adriana Maresma Fois, Maria del Puerto,
Manoli Rodriguez, Elena Vicini.*

*Adriana Maresma Fois, Elena Vicini, Almudena Hernandez, Manoli Rodriguez,
Maria del Puerto*
Foto Rolf Jenny

Elena Vicini, Maria del Puerto, Almudena Hernandez, Adriana Maresma Fois,
Manoli Rodriguez   *Foto Rolf Jenny*

Gitarre: *Juan Gomez*. Gesang / Perkussion: *José Salinas*. Perkussion/Gesang: *Nacho Arimany*. Musikalische Mitarbeit: *Antonio Robledo*. Stimmarbeit: *Jürg Fehr*.

Rauminstallation: *Herta Eppler-Joggi*. Kostüme: *Carmen Perez Mateos*. Licht: *Adrian Fry, Michael Omlin*. Technische Mitarbeit: *Simon Egli-Rösch, Peter Hartmeier, Role Keller*.

Fotos: *Marc Funk / Rolf Jenni, AZ*. Grafik: *Rose Müller*. Siebdruck: *Druckwerkstatt Alligator, Lenzburg*. Öffentlichkeitsarbeit: *Monica Cantieni*. Administration: *Peter Hartmeier, Anita Rösch Egli*.

! voy !

Konzept / Idee / Choreografie: *Teresa Martin*

! voy ! ist eine Herausforderung zur Bewegung, der Aufbruch zu einem
Weg, der von Pfeilen der Sehnsucht durchkreuzt ist. Es ist die Sehnsucht,
die immer leise brennt bis sie zum Schrei wird und die Brücke zu unsern
tiefsten Wünschen und Fragen schlägt. Dort vereint der Rhythmus des
Lebens alle Farben und Töne. Der Schmerz steht neben der Freude und
der Tanz entsteht in seiner ursprünglichsten Form – als ein Ausdruck der
eigenen sowie der gemeinsamen Sehnsucht, Angst und Chaos zu überwinden. Es entsteht ein rhythmisches Geflecht aus Sprache, Tanz und Perkussion. Inspiriert von lyrischen Texten von R. Tagore lassen sich die Tänzerinnen auf ein Experiment ein, in dem sie ihre eigene Stimme mit den
tänzerischen Formen des Flamenco verbinden.

> Ruf mich und ich werde kommen –
> Die Sonne ist meine Zeugin, ich werde kommen
> Ruf mich –
> Ich werde gerufen und ich weiss nicht woher
> – ich werde kommen –
> Nichts ist von Bedeutung – alles ist von Bedeutung.
> Teresa Martin (Frauenstimmen)

> Wach auf
> Liebesschmerz
> ich stehe draussen
> und warte
> und kann die Tür nicht öffnen.
> Aus einem Gedicht von R. Tagore

Olé

Choreografie: *Brigitta Luisa Merki*

Hier wird dem Rhythmus als tragendes, strukturelles Element im Flamenco eine besondere Referenz erwiesen. Der Rhythmus wird zum spieleri-

schen Element, zum ständig wechselnden Pulsschlag der Zeit, im Raum und in den Körpern der Tänzerinnen. Es entsteht eine vorwärtstreibende Kraft, die immer neue Themen in den Tänzerinnen wachruft. Der gemeinsame Rhythmus trägt sie und gibt ihnen die Freiheit, in der Kommunikation mit den Musikern eigene Formen und Schwingungen zu finden. Die vielseitige Eigenart jedes Einzelnen verströmt eine ansteckende und bestechende Energie.

Llamame por mi nombre verdadero,
para que yo oiga todos mis llantos y todas
mis risas a la vez

Bitte nenn mich bei meinem wahren Namen
damit ich all mein Weinen und Lachen
zugleich hören kann

Aus einem Gedicht von Thick Nhat Hanh
Deutsche Uebersetzung: Dorothee Sölle.
Übertragung ins Spanische: Teresa Martin

Pressespiegel

Fragmentos II

Was die Gruppe Flamencos en route zeigte, ist Flamenco vom Besten: Der Duende, der Geist des feurigen Tanzes, lauert von Beginn an spürbar auf der Bühne, ergreift dann sichtlich Besitz von den Tanzenden und Musizierenden, versetzt diese in Ekstase und springt so auch auf das Publikum über. Die beiden Choreografien "!voy!", von Teresa Martin und "olé" von Brigitta Luisa Merki, präsentieren Körper gewordenen Rhythmus und ein regelrechtes Feuerwerk an Bewegung, das Seh-, wie Gehörsinn gleichermassen anspricht.
Neue Zürcher Zeitung, Zürich, 28. Mai 2001

Ein Tanz von fliessender Weichheit und gleichzeitig kühl-heisser Härte. Immer wieder gleiten einzelne Tänzerinnen aus der Gruppe in ein Solo und tauchen dann wieder in die Menge ein. Die Einzigartigkeit jeder Persönlichkeit wird in der Choreografie von Brigitta Luisa Merki einfühlsam hervorgehoben. Die Darbietung wird zur Einheit, alles fliesst, nichts ist Bruchstück. Nicht mehr nur Musiker, Sänger und Tänzer sind auf der Bühne, sondern ein sich gegenseitig ergänzendes Ensemble.
Aargauer Zeitung, Aarau, 28. Mai 2001

Fragmentos 3

Tanzcompagnie Flamencos en route

Fragmentos III, Laberinto Soledad

Uraufführung 13. Oktober 2001 – ThiK. Theater im Kornhaus, Baden

Tourneen: Schweiz, Deutschland, Italien.

Künstlerische Leitung: *Brigitta Luisa Merki*. Die Choreografie entstand in Zusammenarbeit mit den Tänzerinnen.

Tanz: *Adriana Maresma Fois, Brigitta Luisa Merki, Maria del Puerto, Manoli Rodriguez, Elena Vicini.*

Gitarre: *Juan Gomez*. Gesang / Perkussion: *José Salinas*. Perkussion: *Nacho Arimany.*

Bühnenbild, Plakat: *Herta Eppler-Joggi*. Kostüme: *Carmen Perez Mateos*. Licht: *Adrian Fry*. Technik: *Valentina Colorni, Adrian Fry*. Technische Mitarbeit: *Peter Hartmeier, Daniel Ott, Role Keller, Simon Egli-Rösch.*

Fotos: *Marc Funk/Rolf Jenni*. Grafik: *Rose Müller*. Siebdruck: *Druckwerkstatt Alligator, Lenzburg*. Öffentlichkeitsarbeit: *Monica Cantieni, Anita M. Rösch Egli*. Administration: *Peter Hartmeier, Anita M. Rösch Egli.*

Soledades – Einsamkeiten

In einem labyrinthähnlichen Raum entfalten sich verschiedenartige Einsamkeiten mehrerer Figuren. Es beginnt die Suche und der Wunsch nach dem einsamen, persönlichen Alleingang sowie das gemeinsame Fortschreiten in ein und demselben Labyrinth. Die profunden Flamencothemen Soleares, Peteneras und Siguiriya werden zu Leitmotiven der inneren Einsamkeit. Sie lassen den persönlichen Emotionen freien Lauf und werden in den Strukturen des gemeinsamen Rhythmus wieder aufgefangen. In jeder Einsamkeit öffnen sich neue Horizonte.

Adriana Maresma Fois   *Foto Marc Funk*

Die Sonne gab mir Wärme
Der Mond Helligkeit
Die Sterne Gedanken
Und du gibst mir mein ganzes Denken.
(Soleares)

Am Fusse eines ausgetrockneten Brunnens
Kniete ich nieder.
Meine Klagen waren so gross,
dass der Brunnen überlief.
(Peteneras)

Du riechst für mich
Nach Nelke und Zimt.
Wer Nelke und Zimt nicht riecht,
weiss nicht Bescheid.
(Siguiriya)

Er ist tief, wahrhaft tief, tiefer als alle Brunnen und als alle Meere, die die
Welt umgeben, viel tiefer als das heutige Herz, das ihn hervorbringt, und
die Stimme, die ihn singt. Er kommt von fernen Völkerstämmen, durch-
zieht den Friedhof der Jahre und das Laubwerk der entkräfteten Winde.
Er kommt von der ersten Wehklage und vom ersten Kuss. Der Cante Jondo nähert sich dem Vogeltriller und der natürlichen Musik von Erle und
Welle. Er ist einfach durch Alter und Stilisierung. Er ist wahrlich ein äusserst seltenes Muster des primitiven Gesanges, Europas ältesten Gesanges,
dessen historischer Überrest und dessen vom Sand der Zeit verschüttetes
Fragment lebendig wie am ersten Tag seines Daseins in Erscheinung tritt.
Ausschnitt aus: *Der Cante Jondo, Andalusischer Urgesang* von F.G. Lorca

Pressespiegel

Fragmentos 3 – Laberinto Soledad

Sie kehren jedes Jahr ins Theater Litta zurück, die Künstler und Künstlerinnen des Tanzcompagnie *Flamencos en route* unter der Leitung von Brigitta

Manoli Rodriguez, Brigitta Luisa Merki, Maria del Puerto, Adriana Maresma Fois
　　　　　　　　　　　　　　　　　　　　　　　　　　Foto Marc Funk

Luisa Merki – jedes Mal mit Erfolg. Sie zeigen ihrem zu recht treuen Publikum differenzierte Visionen des spanischen Tanzes. Ein zweigeteilter, metallener Zylinder auf Rollen als Refugium des nomadischen Geistes entlässt jede Tänzerin mit ihrer ureigenen Kraft und ihren Themen in den Raum. In den Soli der fünf Tänzerinnen geniesst man wahre Bravourstücke, die sich bis zum Schluss der Vorstellung steigern und ein enthusiastisch applaudierendes Publikum zurücklassen.
Corriere della Sera, Milano, 8. November 2001

Der Perkussionist Fredrik Gille löst Geräusche und Motive aus der Dunkelheit. Er klopft und rappelt, reibt und streicht alles, was ihm unter die Hände kommt. Eine Initiation, mit welcher er die Stille porös macht. Bis sie zerfällt. In metallene, leise, hölzerne Klänge und Rhythmen. Der Gitarrist Juan Gomez fängt sie auf und verdichtet sie in einem kontinuierlichen Spannungsbogen zum lebendigen Klangteppich. «Aiiii» singt Keiko

Ooka mit expressiver Stimme dazwischen. «Aiii.» Und reisst mit ihrer
Klage eine Wunde in die verletzliche Textur. Was für ein Dialog zu dritt!
Es ist nicht der einzige an diesem Abend, der einem den Atem raubt.
Die Klarheit der Choreografie, die bis ins Pianissimo präzise Fussarbeit
der fünf ausdrucksstarken Solistinnen, die schnörkellose Geschmeidigkeit
ihrer Schlangenarme, die unprätentiöse Natürlichkeit, sie steigern sich
zum perfekten Zusammenspiel, das mehr ist als die Summe seiner Ein-zel-
teile. Die tänzerisch wie musikalisch hochkultivierte Kammertanznacht
beeindruckte nachhaltig.
Der Bund, Bern, 1. März 2002

Poesie, Klage und Philosophie – profunde Flamencothemen finden ihren
Ausdruck in Musik und Tanz. Die fünf Tänzerinnen zeigen einem begei-
sterten Publikum, dass Flamenco mehr als Folklore ist.
Neue Ruhr Zeitung, Essen, 31. März 2003

In ihrem im vergangenem Oktober uraufgeführten Stück, *Fragmentos 3 –
Laberinto Soledad*, wird der Flamenco zum fulminanten Ereignis, zum
puren, intensiven Tanz, der wie in einem «Labyrinth der Einsamkeit»
wechselhafte, tiefe Gefühle evoziert und mit der facettenreichen Körper-
sprache des Flamencos das Alleinsein zu persönlich differenzierten Visionen verdichtet.
Berner Rundschau, Bern, 1. März 2002

Mit dieser auf Kontinuität hin angelegten im kleinen, intimen (Keller-
theater)-Rahmen hat Flamencos en route gezeigt, wie vielfältig, wie lebendig und wie nachhaltig wirkend Flamenco auf der Bühne sein kann.
Neue Zürcher Zeitung, Zürich, 15. Oktober 2001

Schön, wie die gemeinsam erarbeitete Choreografie das Thema
Einsamkeit einkreist; schön, wie die Gemessenheit des Beginns abgelöst
wird durch unvermittelte, ins Rauschhafte gesteigerte Ausbrüche, die
einer je-den Tänzerin unvergleichliches Profil verleihen. Solches ist, gar
keine Fra-ge, ein «Showpiece» ersten Ranges, aber – und darin liegt das
Bestechen-de von *Fragmentos 3* – kein selbstzweckhaftes.
Aargauer Zeitung, Aarau.

tránsito
flamenco

Ein
tänzerisch-
musikalisches
Kammerspiel

Tanzcompagnie
Flamencos en route

tránsito flamenco
Ein tänzerisch-musikalisches
Kammerspiel

Uraufführung 24. Oktober 2002 – Theater Casino Zug

Tourneen: Schweiz, Italien, Deutschland

Künstlerische Leitung / Choreografie: *Brigitta Luisa Merki.*

Tanz: *Georgia Gebauer, Adriana Maresma Fois, Manoli Rodriguez, Elena Vicini, Nicolas Turicchia.*

Georgia Gebauer, Nicolas Turricchia, Fredrik Gille, Elena Vicini, Adriana Maresma Fois, Juan Gomez, Manoli Rodriguez, Keiko Ooka   Foto Alex Spichale

Gitarre: *Juan Gomez*. Flöte: Georgia Gebauer. Gesang: *Keiko Ooka*.
Perkussion: *Fredrik Gille*. Musikalische Beratung: *Antonio Robledo*.

Bühne: *Herta Eppler-Joggi*. Kostüme: *Carmen Perez Mateos*. Licht:
Adrian Fry, André Stocker. Assistenz: *Valentina Colorni*. Ton: *Role
Keller*. Technik: *Valentina Colorni, Christoph Ramseier, David von
Graffenried*. Bühnenbildherstellung: *Daniel Ott, Peter Hartmeier*.

Fotos: *Christine Zenz, Marc Funk, Rolf Jenni*. Grafik: *Rose Müller*.
Druck: *Albdruck, Aarau*. Öffentlichkeitsarbeit: *Monica Cantieni*.
Administration: *Peter Hartmeier*.

Die Freiheit des Augenblicks – Transitionen und Wandlungen in Tanz und Musik

Die Wahrnehmung eines Augenblicks, der uns wie ein Windhauch berührt
und Unbekanntes erahnen lässt, kann alles rundherum verändern. Er lädt
zu einer Reise durch immer neue Musik- und Tanzlandschaften ein. Musikerinnen und Tänzerinnen nehmen die Chance des inspirierenden Augenblicks wahr und lassen sich von der süssen Brise des Momentes verführen und mitreissen in ein Spiel von steten Transitionen und Wandlun-
gen.
Immer wieder führt die Idee und die Sehnsucht dazu, sich dem Zauber des
Momentes und der Berührung einer inspirierenden Brise hinzugeben.
Gleichzeitig entsteht der Wunsch, sich wegtragen zu lassen, hin zu neuen
Empfindungen und Klängen, aus dem Moment heraus zu Unbekanntem
zu finden.
Alle geraten in den Sog eines Spiels, das Raum, Form und Inhalt fortwäh-
rend neu gestalten will. Transitionen werden sichtbar gemacht.
Die Bilder erscheinen aufgereiht wie die Perlen einer Perlenkette auf dem
Leitfaden verschiedener Stimmungen. Der ganze Raum verändert sich in
der jeweiligen Atmosphäre, definiert sich ständig neu, und kreiert von
Bild zu Bild neue Spielformen und Dialoge von Tanz und Musik.
Brigitta Luisa Merki

Nur der Moment
ist ewig
Er brennt
unausgesetzt
Im Augenblick des Jetzt
Dem Gott der Gegenwart.
Rose Ausländer (aus: *Perspektiven der Zeit*)

Was ist das für eine ungewisse Liebkosung, um so weicher als es keine
Liebkosung ist, die mir die vage Brise des Abends an die Stirn und an das
Verständnis fächelt? Ich weiss nur, dass mir der Überdruss, unter dem ich
leide, einen Moment lang besser passt – wie ein Kleidungsstück, das nicht
länger auf einer Wunde scheuert. Armselige Sensibilität, die von einer kleinen Luftbewegung abhängt, um, wenn auch nur verübergehend, Ruhe zu

Keiko Ooka, Fredrik Gille   *Foto Alex Spichale*

finden! Aber so geht es eben mit der Sensibilität des Menschen; ich glaube nicht, dass plötzlich gewonnenes Geld oder ein unerwartet empfangenes Lächeln auf der Waage der Wesen mehr wiegen und für andere Menschen mehr bedeuten können als für mich in diesem Augenblick das rasche Vorüberstreifen einer Brise. Ich kann nun ans Schlafen denken. Ich kann nun vom Träumen träumen. Ich erkenne nun die Objektivität aller Dinge klarer. Ich fühle mich komfortabler im äusseren Gefühl des Lebens. Und das alles wirklich, weil mir, als ich an die Strassenecke kam, eine Brise die Hautoberfläche erheitert hat. Alles was wir lieben oder verlieren – Dinge, Wesen oder Bedeutungen – streift unsere Haut und gelangt so in unsere Seele, und der Vorgang ist in Gott nicht mehr als die Brise, die mir nichts gebracht hat ausser der mutmasslichen Erleichterung, dem günstigen Augenblick und der Fähigkeit, alles mit Glanz verlieren zu können.
Fernando Pessoa (aus: *Das Buch der Unruhe*)

Unendlich
Vergiss
Deine Grenzen
Wandere aus
Das Niemandsland
Unendlich
Nimmt Dich auf.

Rose Ausländer

Wenn ich weggehen würde, meine Geliebte
Wenn ich weggehen würde.
Wenn ich weggehen würde und nicht
zurückkommen würde, meine Geliebte, ich.
Der Wind würde mich,
meine Geliebte, dir zurückbringen.

Antonio Machado

Pressespiegel

tránsito flamenco – Ein tänzerisch-musikalisches Kammerspiel

In Merkis Inszenierung liessen die fünf Tänzerinnen mit ihrer akzentuierten Gestik die überlieferten Flamencobilder weit hinter sich zurück. Selten war ein Ballettabend so intensiv wie dieser. Brigitta Luisa Merki bedient sich lustvoll bei den Mitteln des modernen Theaters. Sie entstaubt den Flamenco, renoviert ihn, gibt ihm einen Platz in der hohen Tanzkunst der Gegenwart.
Badische Zeitung, Freburg i.Br., 16. Dezember 2002

Spanischer Tanz als feiner Genuss
Grenzüberschreitungen geben dem Stück *tránsito flamenco* speziellen Reiz. Während anderthalb Stunden erlebt man spanischen Tanz, Musik und auch Poesie in vielerlei Schattierungen und Mutationen. Nicht als feuriges Spektakel, ohne Knalleffekte, dafür als Genuss der feinen Art.
Tages-Anzeiger, Zürich, 26. Oktober 2002

Es war ein grandioser Abend. Das Programmheft stimmt den Zuschauer und Zuhörer auf ein «tänzerisch-musikalisches Kammerspiel» ein, ohne

Nicolas Turricchia, Adriana Maresma Fois, Manoli Rodriguez, Juan Gomez, Georgia Gebauer, Fredrik Gille, Elena Vicini, Keiko Ooka   Foto Alex Spichale

freilich ahnen zu lassen, welches Feuerwerk die acht Akteure tatsächlich entzünden. Flamenco vom Feinsten wird da geboten, verpackt in eine moderne Choreografie, die unter der künstlerischen Leitung von Brigitta Luisa Merki mit neuen Spielformen begeistert. In modernen, schlanken und farbenfrohen Kostümen wird der spanischste aller Tänze von den *Flamencos en route* sozusagen entstaubt, ohne ihn zu entzaubern.
Fuldaer Zeitung, Fulda, 23. November 2002

Die Frauen tragen von Carmen Perez Mateos raffiniert entworfene Kostüme von hoher Eleganz. Und ohne dies direkt zu thematisieren, wird so in Andeutung die Situation der zum gesellschaftlichen Ereignis gewordenen Aussenseiterkunst sichtbar, unmittelbar erlebbar. Man könnte sich, evoziert auch durch die drei poetisch grauen Mauern im Bühnenbild von Herta Eppler-Joggi, in einem spanischen Fremdenort wähnen, wo sowohl die originale Kunst gepflegt wird wie ihre Nachahmung. Hier sucht auch der Dandy-Tourist in hellem Sommeranzug und Strohhut seine amourösen Abenteuer. Er verkörpert das Fremde in dieser Welt, und folgerichtig tanzt er in einem freien modern-dance-Stil, woraus sich organisch stimmige Stilvermischungen ergeben. Und Nicolas Turicchia macht die Gestalt tänzerisch und ausdrucksmässig gleichermassen glaubhaft. Wie denn auch die tänzerisch-szenische Durchführung einmal neu durchgehend überzeugt durch lebendige, präzise ausdruckssichere Gestaltung der so sicher angelegten Bewegungsführung, die so fantasievoll von Menschen und Begegnungen erzählt. Meisterhaft vielseitig ausdrucksreich sind alle in ihren persönlich geprägten Leistungen.
Richard Merz für *Tanz & Gymnastik,* Schweiz, 1/2003

Da wird leise begonnen und in Sologesang und rhythmischem Sprechen in der Gruppe klar artikuliert; da wird individuell musiziert und getanzt und der Rhythmus genau akzentuiert; da erhält jeder Klang seine spezifische Farbe und jede Bewegung ihre spezifische Form. Auch Gesten, Gebärden, Haltungen und Blickrichtungen sind sehr präzis und vielsagend eingesetzt. All die Einzelheiten sind äusserst differenziert ausgearbeitet und stimmen zu einem vielgestaltigen Ganzen zusammen. Möglich ist *tránsito flamenco* in dieser vollendeten Art, weil sich Brigitta Luisa Merki mit den *Flamencos en route* ein Ensemble aufgebaut hat, das die Idee des Stücks mittragen und verkörpern kann.
Der Landbote, Winterthur, 3. Dezember 2002

Immer wieder hebt die Choreographin einzelne Momente in Standbildern hervor. Als wolle sie der Flüchtigkeit ein Schnippchen schlagen, lässt sie die Tanzenden und Musizierenden sich zu bunten Tableaus formieren und stellt so die Zeit für Augenblicke still. So zeigt die Gruppe, die seit 1994 unter der Leitung von Merki steht und in Baden beheimatet ist, wiederum ein mitreissendes Werk.
Neue Zürcher Zeitung, Zürich, 2. Dezember 2002

In dem tänzerisch-musikalischen Kammerspiel für vier Tänzerinnen, einen Tänzer und vier Musiker ist alles enthalten, was zum Flamenco gehört, seine Faszination ausmacht: Gesang, Musik (Gitarre, Perkussion, Flöte), Tanz. Diese Elemente behandelt Merki gleichberechtigt, räumt jedem Compagniemitglied Raum ein, sich auch solistisch zu präsentieren. Dadurch entsteht eine lose Folge von Bildern, die wie die Perlen einer Perlenkette durch den Faden unterschiedlicher Stimmungen miteinander verknüpft sind. Merkis «Knüpftechnik» ist ausgezeichnet. Einen besonders prächtigen Schimmer entfalten beispielsweise Tänzerin Adriana Maresma Fois und Gitarrist Juan Gomez in ihrem Duett. Wie da beide aufeinander eingehen, mit den ihnen eigenen Mitteln aufeinander reagieren, zeugt von der Sensibilität und Ausdrucksfähigkeit sowohl der beiden als auch dem Einfühlungsvermögen der Choreografin.
Mittelland Zeitung, Schweiz, 26. Oktober 2002

Sinnliche Szenen des modernen Flamenco
Nahtlos reihen sich in *tránsito flamenco* poesievolle und witzige Szenen aneinander. Das tänzerisch-musikalische Kammerspiel wird von acht Mitwirkenden aus verschiedenen Nationen präsentiert. Dazu gehört der Gitarrist Juan Gomez, der den Flamenco hervorragend klassisch sowie in modernen Variationen interpretiert, er erweist sich, wie auch der Perkussionist Fredrik Gille als einfühlsamer Partner im musikalischen Dialog von Tanz und Musik. Wenn Gille den Rhythmus zu Keiko Ookas Gesang trommelt oder Georgia Gebauer als Tänzerin begleitet – die zudem als Flötistin auftritt – ist das Publikum fasziniert, das mit Szenenapplaus dankt. Optische Blickfänge sind die modernen Kostüme sowie die dezente Lichtführung. Die Uraufführung von tránsito flamenco wurde an der Premiere in Zug frenetisch gefeiert.
Luzerner Zeitung, Zug, 26. Oktober 2002

Centaura y Flamenca

Uraufführung 21. November 2003 – ThiK Theater im Kornhaus Baden

Tourneen: Schweiz, Italien, Deutschland

Künstlerische Leitung / Choreografie: *Brigitta Luisa Merki.*

Tanz: *Almudena Hernandez / Manoli Rodriguez, Adriana Maresma Fois, Brigitta Luisa Merki.*

Gitarre: *Juan Gomez.* Gesang: *Keiko Ooka.* Klarinette: *Joe Sebastian Fenner.* Perkussion: *Franco Bianco, Fredrik Gille.*

Manoli Rodriguez, Joe Fenner, Adriana Maresma Fois   *Foto Alex Spichale*

Bühnen- und Lichtgestaltung: *Herta Eppler-Joggi, Adrian Fry*. Assistenz: Valentina *Colorni*. Kostüme: *Carmen Perez Mateos*. Lichtassistenz: *Valentina Colorni*. Ton: *Role Keller, Christoph Ramseier*. Technik: *Christoph Ramseier, David von Graffenried, Valentina Colorni*. Bühnenbildherstellung: *David von Graffenried, Peter Hartmeier*.

Fotos: Alex Spichale. Öffentlichkeitsarbeit: Monica Cantieni, Susana Fernández. Administration: Peter Hartmeier

«...in der Sehnsucht kommt uns aus unserer eigenen Seele das entgegen, was zur momentanen Ganzheit des Lebens fehlt.» (Verena Kast)

Die Centaura, halb Pferd, halb Frau, ist eine Metapher für die Polarität in einem Wesen: Das Animalische und die Kraft des Geistes. In ihrer Zerrissenheit zwischen geistiger Sehnsucht und animalischer Natur verkörpert die Centaura den Wunsch nach der Erfüllung des Einen wie des Andern. Gleichzeitig strebt sie nach der Vereinigung beider Kräfte in einem Körper, sucht die Einheit in ihrem Wesen. Inspiriert von Auguste Rodins Skulptur *La Centauresse*, die dieses unermessliche Verlangen so ausdrucksstark verkörpert, entwickelt die Choreografin Brigitta Luisa Merki Bilder, Szenen und Transformationen von drei tanzenden Centauras. In Rilke's Beschreibung von Rodins Skulpturen fand sie jene Sehnsucht in Worte gefasst, die ihre Flamencotänzerinnen in Centauras verwandelt.

«... ein Schauer von Schönheit, Ahnung und Kraft ...”
«Hier sind die Stürme des Wunsches und die Windstillen der
Erwartung.» «... ein fortwährendes Angehen gegen Widerstände ...»
«Hier war das Leben, war tausendfach in jeder Minute, war Sehnsucht
und Weh, in Wahnsinn und Angst, in Verlust und Gewinn.»
(Rainer Maria Rilke: *Auguste Rodin*)

Die Flamencotänzerin in ihrem komplexen Ausdruck, dem rhythmisch, perkussiven Spiel ihrer Füsse und den gegensätzlichen tänzerischen Formen ihres Oberkörpers, kommt dem geheimnisvollen Wesen der Centaura sehr nahe. Ihre Sehnsucht und Träume werden hier von drei Tänzerinnen verschieden verkörpert und getanzt.

Adriana Maresma Fois: *el deseo* – por Solea
Almudena Hernandez: *el grito* – por Siguiriya
Brigitta Luisa Merki: *el lamento* – por Taranto

Pressespiegel

Centaura y Flamenca

Flamenco-Tanz in der Welt der Fabel (...) Der Auftakt des Stücks *Centaura y Flamenca* ist zauberhaft und verspricht Unerhörtes, eine Entführung in eine geheimnisvolle, archaische Welt, in ein unirdisches Reich der Träume, Sehnsüchte und Leidenschaft. Die anfangs geschürten Erwartungen sind berechtigt, denn die Tanzcompagnie um die Schweizerin Brigitta Luisa Merki hat bereits in ihren Programmen der letzten 20 Jahre Können und ihre Klasse bewiesen. Der Reinhart-Ring, die höchste Schweizer Theaterauszeichnung, welche die Tänzerin und Choreografin Anfang Jahr erhielt, ist eine zusätzliche Bestätigung der ausserordentlichen Qualität ihrer Arbeit. (...) In drei fantastischen Soli tragen die Tänzerinnen den Streit aus, der in ihrem Innern tobt. Adriana Maresma Fois lodert vor innerem Feuer, sie kämpft mit Heftigkeit und unbändiger Vehemenz. Almudena Hernandez gelingt es, ihre Rossnatur leichter zu bändigen, und sie gewinnt mit Eleganz und Grazie, während sich in den Tanz von Brigitta Luisa Merki zu purer Kraft und Stolz auch Melancholie und trauriges Sehnen mischen. Alle drei bestechen durch ihren tänzerischen Ausdruck und ihre Perfektion, die bis ins kleinste Detail, bis ins Zittern der Fingerspitzen greift. Temperament, Rhythmussicherheit, Dynamik und eine atemberaubende Energie zeichnet ihr Tanzen aus. Gepaart mit sinnlicher Ästhetik und knisternder Erotik, durch die Kostüme wirkungsvoll unterstützt, riss die Darbietung das Publikum hin. Hervorragend waren allerdings auch die Musiker (Joe Sebastian Fenner,

Adriana Maresma Fois   *Foto Alex Spichale*

Juan Gomez und Fredrik Gille) und die Sängerin Keiko Ooka, die die
Tänzerinnen nicht bloss begleiteten, sondern einen wesentlichen Teil zu
diesem spektakulären Abend beitrugen. Der begeisternde Auftritt zeigte
auch, wie überzeugend es der Compagnie gelingt, traditionellen Flamenco
zeitgemäss zu interpretieren, die strengen traditionellen Formen mit
modernen Elementen zu erweitern und Flamenco als Bühnenereignis zu
inszenieren.
Neue Luzerner Zeitung, Luzern, 27. Februar 2004

Ein Doppelwesen, das drei Mal geboren wird (...) Inspiriert von Rodins
Plastik, setzt die neuste Produktion der Compagnie *Flamencos en route*
eine vor 20 Jahren begonnene Recherche fort: Brigitta Luisa Merki
ergründet mit grosser Beharrlichkeit das Wesen des andalusischen Tanzes,
seine Grenzen, Geschichte(n) und – nicht zuletzt – seine Gegenwärtigkeit.
Eben wurde die 1954 geborene Choreografin mit der höchsten Auszeichnung im Schweizer Theaterleben, dem Hans-Reinhart-Ring, gewürdigt:
Auch *Centaura y Flamenca* wird, obwohl in kleiner Besetzung und fast
ohne Bühnenbild, auch den gestiegenen Erwartungen gerecht. (...) Die
Doppelnatur der Zentauren – in der Antike ungestüme Begleiter des
Dionysos, die hier das Kräftespiel von Körper und Geist symbolisieren –
korrespondiert dabei aufs Wunderbarste mit dem tänzerischen Gegenspiel
von (höfischer) Grazie und (volkstümlicher) Impulsivität. Womit die
Choreographie natürlich das grosse Thema des Flamencos schlechthin
umkreist: die menschliche Zerrissenheit mit ihren so ganz unterschiedlichen Stimmungen, Anmutungen und Gesichtern. Getanzt wird das Stück
vorzüglich von Almudena Hernandez, Adriana Maresma Fois und
Brigitta Luisa Merki selbst. Es ist ein Trio, dessen tiefer Ernst und hoher
Bewegungsstolz in den drei Soloteilen ebenso zu begeistern weiss wie in
den gemeinsam getanzten Bildern: Gerade in den ungemein dichten, oft
atemberaubend präzise mit den Akzenten der Musik abgestimmten
Passagen, wo wie nirgends das Unbändige kultiviert und domestiziert
werden muss, wirken die individuellen Abläufe so unaufgesetzt und
natürlich, als sei jede Bewegung ein spontaner Einfall, jede Geste unwill-
kürliche Emotion. Der Tanz entfaltet seine Unnahbarkeit ohne falsches
Pathos und verbindet sich in ergreifender Intensität mit der fantastischen
Gitarre von Juan Gomez, dem klagenden Gesang von Keiko Ooka und
der originellen Perkussion von Fredrik Gille. (...) eine unglaublich präzi-

Manoli Rodriguez   Foto Alex Spichale

se Bewegungsstudie, die mindestens so viel über das Wesen der Zentauren wie über jenes des Flamencos auszusagen weiss.
Basler Zeitung, Basel, 19. Februar 2004

Entfesselt und zugleich gebändigt (...) Für *Flamencos en route* kommt Rodins Skulptur dem Wesen der Flamencotänzerin sehr nahe. *Centaura y Flamenca* ist so auch eine getanzte Auseinandersetzung mit dem Flamenco an sich, ein raffiniertes Ergründen des Bewegungsmaterials und der Sehnsüchte einer Flamencotänzerin. (...) Klarinettenklänge legen sich quasi schmeichelnd um die Frauenkörper, die sich im Halbdunkel der Bühne sanft wiegen, bevor sie in ein fulminantes Trio ausbrechen. Immer wieder unterbrechen längere Soli der Tänzerinnen den virtuos aufeinander abgestimmten, mal ganz leisen und mal sehr feurigen Tanz. Im Solo spielt jede der drei Tänzerinnen ihre eigene Ausdrucksweise, ihre eigene Art zu tanzen aus und entwickelt dabei ihren eigenen Charakter der Centaura. Der Tanz wird zu einem Hin und Her zwischen Reflexion, Versunkenheit und furioser Entfesselung. (...) Brigitta Luisa Merki selbst, die Choreografin und künstlerische Leiterin der Truppe, stellt auf der Bühne einen atemberaubenden Dialog zwischen zurückgehaltener Kraft und entfesselter Sinnlichkeit dar. Ihre äusserst präzise Performance erzeugt eine Spannung, die sich wie ein Schleier über das Publikum legt. Brigitta Luisa Merki wagt sich mit ihrem Tanzstil am meisten weg vom Bewegungsvokabular des Flamenco und nähert sich dem Vokabular des zeitgenössischen Tanzes sehr stark an, ohne dabei ihre tänzerischen Wurzeln zu verneinen. (...) Die Tanzcompagnie steht für eine eigenständige Transformation, für eine zeitgemässe Interpretation und Umsetzung des Flamencos auf der Theaterbühne. Dazu gehört auch die Life-Musik und die Interaktion zwischen Tänzerinnen und Musikern. Mit dem Einbezug der Musiker (Joe Sebastian Fenner, Klarinette, Juan Gomez, Gitarre, Fredrik Gille, Perkussion) und der Sängerin (Keiko Ooka), in einer Art Dialog schafft sie immer wieder aussergewöhnliche Tanzabende. Für ihr konsequentes Werk hat die Schweizerische Gesellschaft für Theaterkultur Brigitta Luisa Merki den diesjährigen Hans Reinhart-Ring zugesprochen.
Basellandschaftliche Zeitung, Liestal, 19. Februar 2004

Brigitta Luisa Merki   *Foto Alex Spichale*

Einfach zum Geniessen (...) Der Mythos Frau in der Transformation der andalusischen Klage: Die *Tanzcompagnie Flamencos en route* zeigt Ausdruckstanz, geboren aus dem Atem des Flamenco. Inspiriert von Auguste Rodins Skulptur «La Centauresse», entwickelt die Choreografin Brigitta Luisa Merki im Dialog zwischen interkultureller Musik (mit jiddischer Intention Joe Sebastian Fenner an der Klarinette, unverkennbar südspanisch Juan Gomez an der Gitarre, pointiert rhythmisch Fredrik Gille, Perkussion und wundervoll warmkehlig, Keiko Ooka, Gesang) und Bewegung das Thema der Centaura. (...) Unbedingt hingehen und geniessen! *Stuttgarter Nachrichten*, Stuttgart, 14. Februar 2004

Ritual der Entgrenzung und Wiederentdeckung Sehnsucht, Schrei und Klage: *Centaura y Flamenca* im Theaterhaus (...) Im Kreisen und Scharren der Hufe, im explosiv ausbrechenden Trappeln der Beine, im Drapieren des Schleppenschwanzes zitieren sie sporadisch und dezent das Bild des Centauren. Doch ihr Tanz ist kunstvoll veredelter Flamenco, jedes Solo eine spannende Variante. Ein atemberaubender Tanzabend – auf dem Weg zum Flamenco.
Ludwigsburger Kreiszeitung, Ludwigsburg, 13. Februar 2004

Doch vermag das Stück zu fesseln, im Sinne abstrakter Malerei, die rein durch das Spiel ihrer Elemente Spannung erzeugt. Darauf weist die Bühnengestaltung von Herta Eppler-Joggi hin. In einen grossen Bilderrahmen projiziert sie Farbflächen, die Assoziationen an Rothko zu erwecken vermögen. Und so einfach zwingend wie dessen Kompositionen ist die Grundstruktur des Stückes mit drei Farbelementen, die den grossen Soli der drei Tänzerinnen zugeordnet sind. Als geschlossene Gruppe werden die drei langsam sichtbar. Sie beginnen sich leise zu wiegen, zu den Klängen des Klarinettisten Joe Sebastian Fenner, der sich zwischen den Tänzerinnen bewegt, ohne direkten Bezug zu ihnen: Die Idee von Bewegung aus Musik ereignet sich so, ohne dass sie konkret dargestellt wird. Und so ereignet sich auch in den Kostümen von Carmen Perez Mateos die Idee der Frau, die mehr ist als ihre gewohnte körperliche Erscheinung, mit Hosen, die sich raffiniert mit einer Schleppe zur Einheit verbinden. Und im Dialog mit der eigenständig sich entfaltenden Musik – Juan Gomez, Gitarre; Keiko Ooka, Gesang; Franco Bianco, Perkussion – wird das Tanzen mit dieser Schleppe zur Metapher eines Körpers, der

über sich hinaus gehen möchte und doch in sich begrenzt bleibt. Das geschieht in streng formalem Ablauf, der sich in virtuosem, plastischem Bewegungsfluss aus der Formenwelt des Flamenco entfaltet, in strömender Vitalität bei Adriana Maresma Fois, in geheimnisvoll verhaltener Ausdruckskraft bei Manoli Rodriguez und in dramatischer Steigerung bei Brigitta Luisa Merki. Fliessende Übergänge verbinden diese selbstversunkenen, wie ein Thema mit Variationen anmutenden Tanzszenen zu einem geschlossenen Kammertanz von stiller, prägnanter Intensität.
Richard Merz für *Neue Zürcher Zeitung*, Zürich, 24. November 2003

Centaura y Flamenca handelt von Mischwesen aus der Mythologie und macht die Verbindung von Frau und Pferd in ihrer unauflöslichen Einheit und zugleich inneren Gespaltenheit zum Thema. Der Tanz zu dritt ist von höchster Konzentration und Formenstrenge; und die drei langen Soli der Tänzerinnen suchen nicht Abwechslung, sondern subtile Differenzierung. Leichtfüssig und unbeschwert kommen die flüchtigen Episoden in *tránsito flamenco* daher. Brigitta Luisa Merki und das gesamte Ensemble der *Flamencos en route* zeigen grossartig, wie sich jede und jeder individuell entfalten und hervorragend auf die Eigenheiten aller anderen eingehen kann.
Ursula Pellaton zu *Centaura y Flamenca/tránsito flamenco*, *Der Landbote*, Winterthur, 18. Dezember 2003.

Flamenco beinhaltet mehr als rhythmische Fussarbeit und schlängelnde Arme. Er verfügt über ein grosses Spektrum an Ausdrucksformen, mit welcher Liebesgeschichten ebenso auf der Bühne umgesetzt werden können wie formale Bilder. Dies beweist die Badener Tanzcompagnie *Flamencos en route* seit bald mehr als 20 Jahren. Sie gastierte mit zwei Stücken ihrer Leiterin Brigitta Luisa Merki in der Berner Dampfzentrale. Mit hoher Präzision und Charme buhlten die Tanzenden in wechselnden Formationen um die Gunst des Publikums. Und die Ernsthaftigkeit aus dem ersten Teil des Abends wich sprühender Lebensfreude.
Der Bund, Bern, zu *Centaura y Flamenca / tránsito flamenco*, 12. Dezember 2003.

Jede der drei Tänzerinnen entwickelt in ihrem Solo die Figur weiter, verleiht ihr Individualität. Adriana Maresma Fois bringt inneres Feuer und

Glut zum Ausdruck, Brigitta Luisa Merki verkörpert perfekt melancholisches Im-Körper-Verhaftetsein und befreiendes Sehnen, Manoli Rodriguez vereinigt Trauer und Befreiung. Gemeinsam ist allen perfekter, tänzerischer Ausdruck bis ins kleinste Detail. Wesentlichen Anteil am starken Gesamteindruck des Abends haben die Musiker (Joe Sebastian Fenner, Juan Gomez und Franco Bianco) und die Flamenco-Sängerin Keiko Ooka. Auch das schlicht-raffinierte Bühnenbild (Herta Eppler) mit dem einfachen Rahmen, wird mit dem (farbigen) Licht zum verwandlungsfähigen Stimmungsträger. Die verschiedenen Elemente sind spannungs- und sinnvoll zu einem Ganzen verflochten und machen zusammen den Abend zum Erlebnis.
Mittelland Zeitung, 22. November 2003.

Antonia y Antoñita
una Flamencomédia

Uraufführung 26. Mai 2004 – ThiK. Theater im Kornhaus Baden

Tourneen: Schweiz

Tanz: *Brigitta Luisa Merki, Elena Vicini.*

Gitarre: *Juan Gómez.*

Bühnenassistenz: *Susana Fernández.* Licht: *Christoph Gutmann.*
Ton / Technik: *Christoph Ramseier, David von Graffenried, Role Keller.*

Kostüme: aus dem Fundus der legendären Flamencotänzerin *Susana,*
bearbeitet und ergänzt von *Carmen Pérez Mateos.* Administration: *Peter
Hartmeier. Öffentlichkeitsarbeit: Susana Fernández.* Videoclip: *Susana
Fernández.* Schnitt: *Fabian Keller.* Fotos: *Alex Spichale, Susana
Fernández.*

Idee und Konzept: *Brigitta Luisa Merki*

Liebes Publikum
Vielleicht kommt Ihnen dieses Programm etwas spanisch vor. Das ist gut
so. Wir haben einige Jahre zurückgeschaut, in unserm Fundus und in
unserer Geschichte gewühlt und vielleicht wiederentdeckt, was uns doch
so faszinierte, damals, als wir uns mit Haut und Haar in den spanischen

Brigitta Luisa Merki, Elena Vicini   *Foto Alex Spichale*

Tanz verliebten. Soviel Nostalgie, Humor und Grazie, dieser umwerfende spanische Pathos und so manch liebenswerte Sentimentalitäten kamen uns wieder entgegen, dass wir nicht widerstehen konnten. Wir liessen uns verführen und tauchten nochmals ein in die alte, aber noch so lebendige, spanische Musik-und Bilderwelt und in die Klischees, die uns anhaften. Viele Erinnerungen und alte Tanzformen tauchten in uns auf und drängten uns in die geschichtsträchtigen Kostüme von Susana, der legendären spanischen Tänzerin. Und wir liessen die Transformation mit uns geschehen. Als Antonia und Antonita haben wir uns auf dem sonntäglichen Flohmarkt in Madrid noch die nötigen Accessoires erschwungen und dann kam es so wie es kam. Wir hoffen, dass es Ihnen so ergeht wie uns beim Einatmen dieses farbenschweren, spanischen Dufts und wünschen Ihnen viel Spass an unserm «Special im ThiK» in unserm Jubiläumsjahr. Das ist nur der Anfang! Am 16. Oktober findet im Kurtheater Baden die Uraufführung der grossen Jubiläumsproduktion statt.

Muchas gradas y hasta siempre.

Tanzcompagnie Flamencos en route

Antonia und Antonita, zwei FlamencotänzerInnen etwas spezieller Art kommen von einer langen Welttournee und stellen im ThiK in Baden ihr Programm auf die Beine. Ihr Gastspiell ist jedoch mit einigen Schwierigkeiten verbunden. Schleppen die beiden doch einen riesigen Kostümfundus mit sich herum und haben irgendwo unterwegs auch noch ihren Gitarristen verloren. Mit viel Charme meistern sie die Situation, bringen ihr «Super-Rüschen-Programm» in Fahrt und bezaubern und unterhalten das Publikum auf sehr liebevolle Art mit fast schon verloren geglaubten spanischen Tanzbildern. Sie erwecken die alten Kostüme zu neuem Leben und tauchen mutig, mit Haut und Haar, in die Klänge sehnsuchtsvoller, spanischer Musik ein, bis sich glücklicherweise auch der Gitarrist wiederfindet. Olé y olé!

Brigitta Luisa, Elena Vicini, Juan Gomez   *Foto Alex Spichale*

Pressespiegel

Antonia y Antoñita – una Flamencomédia

Eine Flamencomédia
Was eine Flamencomédia ist, hat die Uraufführung der neuesten Produktion, *Antonia y Antoñita* von *Flamencos en route*, im Theater im Kornhaus Baden gezeigt. Erfunden hat das Genre die Leiterin der Truppe, Brigitta Luisa Merki, die sich in ihrem ureigensten Gebiet, im Flamenco, einen Komödienspass leistet und ihn zusammen mit Elena Vicini spiel- und tanzfreudig in Szene setzt. (...) Der Übergang vom Sprechen ins Tanzen anhand eines Zitates vom Flamenco-Sprechchor aus der Partitur zu *Cele-stina* von Antonio Robledo ist formal brillant geleistet und eröffnet zugleich das Spiel mit Erinnerungen und Zitaten, aus dem der erste Teil der Vorstellung besteht. Zwei Flamencotänzerinnen lassen sich von einem Berg von Kostümen zu einer Produktion inspirieren – es sind Kostüme von Susana, der Gründerin der Truppe. Die beiden werden zu einem Tanzen im Stil der Kostüme inspiriert. Elena vertritt vital witzig die kritische Haltung von heute, Brigitta Luisa aber weckt in oft berührender Weise Erinnerungen an die grosse Formkunst ihrer legendären Lehrmeisterin. Doch nicht als Nostalgie; da werden Erlebnisse von früher im gegenwärtigen Formbewusstsein wieder lebendig. Es wird sichtbar, wie tief Brigitta Luisa von Susana geprägt, gleichzeitig aber doch ganz sie selber geworden ist. Das belegen überzeugend variierte Szenen aus eigenen Choreografien der letzten Jahre, allen voran der unübertreffliche Tanz mit dem Spazierstock. Im zweiten Teil, wenn der am Anfang schmerzlich vermisste Gitarrist Juan Gómez endlich eingetroffen ist und sein virtuoses Spiel beginnt, entfalten die beiden Tänzerinnen mit ihrem souveränen Können ein Fest reiner Tanzfreude, das die Zuschauenden in jubelnde Begeisterung versetzt.
Richard Merz, *Neue Zürcher Zeitung*, Zürich, 29. Mai 2004

Mit reichem Erbe hin zu Neuem
Mit der Flamencomédia *Antonia y Antoñita*, einer kammerspielartigen Szenenfolge, stimmt Brigitta Luisa Merki ihr Publikum mit Humor und Hintersinn auf die Feier ein, an der sie den Hans-Reinhart-Ring erhält. (...) Mit Nostalgie und Witz, Pathos und Ironie inszenieren und kommen-

Elena Vicini, Brigitta Luisa Merki   *Foto Alex Spichale*

tieren Brigitta Luisa Merki und Elena Vicini Erinnerungen an früher, ver-
gegenwärtigen in treffsicheren Posen vergangene Tanzbilder, interpretieren alte Nummern wie den virtuosen Tanz mit dem Stock neu und tragen
temperamentvoll-rhythmisch handfeste Streiterein aus. Das Spiel mit
Rüschen und Schleppen, Kastagnetten und Fächern ist erfüllt von einer
expressiven Dramatik und begeistert durch die präzise Phrasierung der
Bewegungen. (...) Voll Spannung und innerer Kraft stimmen Juan Gómez
und die beiden Tänzerinnen Dynamik und Ausdruck aufeinander ab. (...)
Die Kostüme für die neue Flamencomédia stammen aus dem Fundus der
legendären Susana, wurden bearbeitet und ergänzt von Carmen Pérez
Mateos. Dieses Vorgehen ist typisch. Denn die Bewahrung und zugleich
schöpferische Umgestaltung des Vorgefundenen charakterisiert ganz allgemein Brigitta Luisa Merkis tänzerisches, choreografisches und pädago-
gisches Schaffen und zeichnet die Künstlerin als Ausnahmeerscheinung
aus. In einer Zeit, wo es mehr gilt, das Gelernte möglichst schnell zu
überwinden und nur sich selbst verpflichtet zu sein, hielt sie der
Erinnerung an *Susana y José* und der Pädagogik von Susana und Antonio

Elena Vicini, Brigitta Luisa Merki   *Foto Alex Spichale*

Robledo die Treue und zeigte, wie viel Fruchtbares in deren Ideen und Ansätzen steckte und welche Fülle bis heute daraus entstehen kann.(...).
Ursula Pellaton, *Der Landbote*, Winterthur, 29. Mai 2004

Flamencos en route – der Name bürgt seit 20 Jahren für tänzerische Innovation, verbunden mit Tradition. Wie sehr sich die Truppe entwickelt hat, zeigt der liebevoll-ironische Blick zurück. *Flamencos en route* haben es geschafft, in den letzten Jahren unser Bild vom Flamenco nachhaltig zu verändern. Ihre letzten Produktionen zeigten ästhetisches, emotionales Tanztheater, das auf Traditionen des Flamenco beruht, sich stilistisch und choreografisch aber enorm weiterentwickelt hat. Wie weit, zeigt die neueste Aufführung *Antonia y Antoñita*, ein Special zum Jubiläum, aufgeführt auf der «Heimbühne», dem ThiK in Baden. (...)
Sabine Altorfer, *Aargauer Zeitung*, Baden, 28. Mai 2004

Soloproduktionen

Übersicht

Nocturnos

Uraufführung 26. August 1989 – Theatermarkt Lenzburg

Tourneen: Schweiz

Choreografie / Tanz: *Brigitta Luisa Merki.*

Musik / Gitarre, Perkussion: *Enrique Piedra, Eric Vaarzon Morel.*
Gesang: *Juan Cantero.*

Bühne / Licht: *Tobias Scherer, Daniel Ott.* Kostüme: *Barbara Rutishauser.* Plakat: *Tobias Scherer.* Tanzfotos: *Jean-Michel Schaffner, Christian Mattis, Alex Erik Pfingsttag.* Gestaltung: *Ueli Röthlisberger.* Administration: *Peter Hartmeier.*

Idee und Konzept: *Brigitta Luisa Merki.*

El cante jondo canta siempre en la noche. No tiene ni mañana ni tarde ni montañas ni llanos. No tiene más que la noche, una noche ancha y profundamente estrellada. Y le sobra todo lo demás.
Es un canto sin paisaje y, por tanto, concentrado en sí mismo y terrible en medio de la sombra; lanza sus flechas de oro, que se clavan en nuestro corazón. En medio de la sombra es como un formidable arquero azul cuya alhaba no se agota jamás.

Der Cante Jondo singt immer in der Nacht. Er hat nicht Morgen, nicht Abend, nicht Berge, nicht Ebenen. Er hat nur die Nacht, eine weite, profund bestirnte Nacht. Er braucht nichts andres.
Er ist ein Gesang ohne Landschaft und darum in sich selbst zusammengefasst, und furchtbar inmitten des Dunkels schnellt er seine Goldpfeile ab, die sich in unser Herz bohren. Inmitten des Dunkels ist er ein gewaltiger blauer Bogenschütze, dessen Köcher sich niemals erschöpft.

Federico Garcia Lorca

Brigitta Luisa Merki, Juan Cantero　　　　　　　　*Foto Alex Spichale*

Pressespiegel

Nocturnos (1989)

Im weissen Kleid tritt Brigitta Luisa zu Beginn auf, tanzt schon hier
Flamenco pur, bäumt sich gegen verglühende Sehnsüchte auf, stolz, klar,
die gebündelten Emotionen finden in jeder Linie der Bewegungsführung
ihre satte Form. Keine «Show», die den Flamenco zum austauschbaren,
temperamentvollen Tanz verkommen lässt, sondern hohes künstlerisches
Niveau.
Tages Anzeiger, Zürich, 6. September 1989

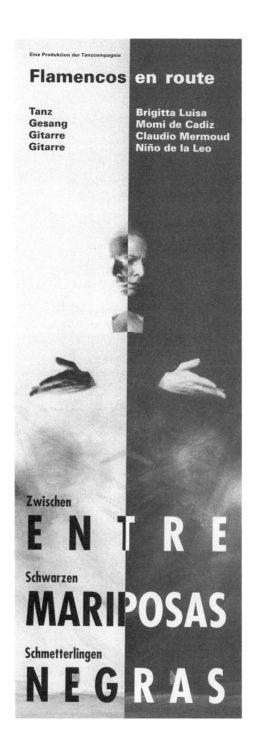

Entre mariposas negras

Uraufführung 14. Mai 1991 – Teatro Dimitri Verscio
Tourneen: Schweiz

Choreografie / Tanz: *Brigitta Luisa Merki.*

Musik / Gitarre: *Claudio Mermoud, El Niño de la Leo.* Gesang: *Momi de Cadiz.* Stimmen: *Christina Stöcklin, Brigitta Luisa Merki.*

Momi de Cadiz, El Niño de la Leo, Brigitta Luisa Merki, Claudio Mermoud
Foto Christian Altorfer
.

El paso de la Siguiriya

Siguiriya

Entre mariposas negras,
va una muchacha morena
junto a una blanca serpiente
de niebla.

Zwischen schwarzen Schmetterlingen
geht ein dunkelbraunes Mädchen
neben einer weissen Schlange
aus Nebel.

Tierra de luz,
cielo de tierra.

Erde wie Licht,
Himmel wie Erde.

Va encadenada al temblor
de un ritmo que nunca llega;
tiene el corazón de plata
y un punal en la diestra.

Geht gekettet an das Beben
eines Rhythmus, der nie ankommt;
hat ein Herz aus lautrem Silber,
in der Rechten einen Dolch.

¿Adónde vas, siguiriya,
con un ritmo sin cabeza?
¿Qué luna recogerá
tu dolor de cal y adelfa?

Wohin gehst du, Siguiriya,
mit dem Rhythmus ohne Kopf?
Welcher Mond nimmt auf wohl deinen
Schmerz von Kalk und Rosenlorbeer?

Tierra de luz,
cielo de tierra.

Erde wie Licht,
Himmel wie Erde.

Federico Garcia Lorca

Bühne / Licht: *Tobias Scherer*. Kostüme: *Barbara Rutishauser, Katharina Moser.*

Plakat / Programm: *Beat Zoderer, Ueli Röthlisberger*. Foto: *Christian Mattis*. Administration: *Peter Hartmeier*.

Idee und Konzeption: *Brigitta Luisa Merki*.

Brigitta Luisa Merki   *Foto Christian Altorfer*

Pressespiegel

Entre mariposas negras (1991)

Ihnen (*Flamencos en route*) steht zwar keine lange Nacht zur Verfügung – die rund anderthalb Stunden aber werden in jeder Minute so genutzt, als wären sie Rückblenden auf eine solche. In vier dichten Stücken wird die Glut des Flamenco aufgefächert. Dabei gibt es sowohl dessen stille Momente, mit rein musikalischen Einlagen, als auch Ausbrüche feuriger Leidenschaft. Intensiv ist beides. (...) Keine Show, die den Flamenco zum austauschbaren, temperamentvollen Tanz verkommen lässt, sondern hohes künstlerisches Niveau.
Tages-Anzeiger, Zürich, 6. September 1991

Im Zentrum der Darbietung stand der virtuose Tanz von Brigitta Luisa. Ihre temperamentvollen und doch durchgehend klar vorgetragenen Gesten, ihre sprechenden Arme und Hände und vor allem ihr brillanter Zapateado veranschaulichten das, was die Faszination des Cante Jondo letztlich ausmacht: tief empfundene Innenschau. Das begeisterte Publikum drängte mit tosendem Applaus auf Zugaben.
Neue Zürcher Zeitung, Zürich, 3. September 1991

Brigitta Luisa Merki   *Foto Christian Mattis*

Gritos

Uraufführung 7. Mai 1993 – Theater Westend, Zürich

Tourneen: Schweiz, Deutschland

Choreografie / Tanz: *Brigitta Luisa Merki.*

Gesang: *Maribel Marín.* Sprache: *Christina Stöcklin.* Musik / Gitarre:
Claudio Mermoud, El Niño de la Leo. Chorische Arbeit / Beratung:
Antonio Robledo. Gedichte: *Hilde Domin.*

Bühnenbild: *Gillian White.* Kostüme: *Katharina Moser.* Holzbauten /
Licht / Technik: *Tobias Scherer.* Fotos: *Monica Cantieni und Flamencos
en route.* Grafik: *Ilia Vasella, Rose Müller.* Administration /
Tourneeorganisation: *Peter Hartmeier.*

Idee und Konzept: *Brigitta Luisa Merki.*

Bühne Gillian White   *Foto Christian Altorfer*

Brigitta Luisa Merki   *Foto Marc Funk*

Gritos sind Schreie. Hier sind es Klageschreie, Gesänge, Klänge und Tänze von Frauen. Sie sind inspiriert von den *Plañideras*, den heute kaum noch existierenden spanischen Klagefrauen, die sich für das Trauern und Leiden einer festgelegten, ritualartigen Ausdrucksform bedienen. Das Faszinierende an der mediterranen Trauer ist für mich, dass ihre Stimme im Moment der höchsten Verzweiflung nicht versagt, sondern, im Gegensatz zu uns nordischen Menschen, an Kraft und Volumen gewinnt. Die Trauernden sind den vibrierenden Klängen des Klageschreis ausgesetzt, und der Schmerz wird zu einem öffentlichen Ritual. Auch die Klagemauer hat diesen öffentlichen Charakter, sie nimmt aber auch all die ganz persönlichen Wünsche und die leisesten und tiefsten Seufzer auf, die ihr anvertraut werden. Auf eine ganz eigene Art werden hier Gedichte, Frauengesänge

Brigitta Luisa Merki, Christina Stöcklin, Maribel Marín

Foto Christian Altorfer

und Flamencorhythmen zu einer Klage verwoben. Eine Schauspielerin, eine Sängerin und eine Tänzerin stehen an der Klagemauer und bringen ihren Schmerz zum Ausdruck, aber auch ihre Hoffnungen und Visionen, jede in ihrer Form und Eigenart. Tanz, Gesang, Wort – Rhythmus, Klang, Gedanke. Ihr Klagen findet zu einem Ganzen. Gemeinsam gehen sie den Weg, bis der Schmerz zu singen beginnt und sich auflöst. Oder wie ein spanisches Sprichwort sagt: «Cantando la pena, la pena se va.» Diese Klagen sind all jenen zugedacht, deren Schreie verstummt sind.
Brigitta Luisa Merki
Alle im Stück interpretierten Gedichte sind von Hilde Domin. Die Gesänge sind *popular*, das heisst, aus dem bestehenden Volksgut ausgewählt. Die Tänze basieren auf drei authentischen Flamencothemen: *Tarantos, Peteneras, Soleares.*

Nicht müde werden

Nicht müde werden
sondern dem Wunder
leise
wie einem Vogel
die Hand hinhalten.

Hilde Domin

Pressespiegel

Gritos (1993)

Ein Gesamtkunstwerk aus Tanz, Musik, Gesang, Sprache und bildender Kunst, wie es in dieser Homogenität, emotionaler Kraft und theatralischer Suggestion höchst selten erreicht wird. Alles ist Flamenco: Die Gitarristen (...) begleiten nicht nur Stimme und Körper, sie werden Teil

El Niño de la Leo, Claudio Mermoud, Maribel Marin, Brigitta Luisa Merki
Foto Christian Altorfer

der Gedichte. Klagemauer und Boden werden von den Frauen zum
Klingen gebracht – ein starker gemeinsamer Rhythmus pulst auf Gillian
Whites Bühne.
Stuttgarter Zeitung, Stuttgart, 2. April 1994

Brigitta Luisa fasst ihre «Schreie» in eine einstündige Szene voller
Schwermut, Schwärze und Schönheit – ein Tanzpoem, das wie ein antikes
Drama beginnt, aber wie eine Fiesta endet, ein choreographisches
Theater. Das Stück ist ein Ganzes, und Gesang, Sprache, Musik und
Zapateado greifen vor der Eisenplastik auf wunderbare Weise ineinander;
ein emotionales Ereignis, das sich auf der Lebensspirale mit explosiver
Kraft und Konsequenz entlädt.
Stuttgarter Nachrichten, Stuttgart, 2. April 1994

Capricho Amor

Uraufführung 3. Mai 1996 – ThiK. Theater im Kornhaus Baden

Tourneen: Schweiz, Deutschland, Österreich, Italien

Choreografie: *Brigitta Luisa Merki, Bruno Argenta.*

Tanz: *Brigitta Luisa Merki, Bruno Argenta.*

Musik: *Juan Soto.* Gesang: *Maribel Marín, Momi de Cadiz.* Gitarre: *Juan Soto, El Niño de la Leo.*

Momi de Cadiz, Maribel Marín, Brigitta Luisa Merki, Bruno Argenta, El Niño de la Leo, Juan Soto   *Foto Marc Funk*

Kostüme: *Carmen Pérez Mateos*. Licht / Bühne / Technik: *Tobias Scherer*. Administration / Tourneeorganisation: *Peter Hartmeier, Patricia Benabed*. Grafik: *Ilia Vasella, Rose Müller*. Fotos: *Marc Funk*.

Konzept / Künstlerische Leitung: *Brigitta Luisa Merki*.

Brigitta Luisa Merki, Bruno Argenta   *Foto Marc Funk*

«Capricho» bedeutet Laune, Kaprice oder Einfall, Eigensinn und Willkür, und «Amor», die Liebe, ist das meistbesungene, unerschöpfliche Thema im Flamenco.

Capricho Amor kreist um die eigenwilligen Liebeslaunen eines spanischen Tanzpaares.

Der Paartanz ist im Flamenco eher eine seltene Erscheinung. Diese ausgesprochen individuelle tänzerische Ausdrucksform lässt sich nicht so leicht paaren. «Vom Ich zum Du» führt ein langer und verschlungener Weg, der von den Tanzenden buchstäblich unter die Füsse genommen wird und mit herausfordernden Rhythmen zurückgelegt werden muss.

Ein buntes Liebesduell beginnt, wenn Tänzer, Sänger und Musiker sich gegenseitig provozieren. Es wird um die Liebe gekämpft. Viel persönlicher Eigensinn und Stolz muss in diesem Liebeswerben gebändigt werden, bis der gemeinsame Rhythmus sich einstellt und das grosse Liebesduo beginnen kann.

Soy yo, amor mio,	Ich bin's, meine Liebe,
quien golpea tu puerta.	der an die Türe schlägt.
No es el fantasma, no es	Nicht das Gespenst, nicht der,
el que antes se detuvo	welcher früher stehenblieb
en tu ventana.	an deinem Fenster.
Yo echo la puerta abajo:	Ich schlage die Türe ein,
yo entro en toda tu vida:	dringe ein in dein ganzes Leben,
vengo a vivir en tu alma:	komme, um in deiner Seele zu wohnen:
tú no puedes conmigo.	du kannst nichts tun gegen mich.

Pablo Neruda

Brigitta Luisa Merki, Bruno Argenta   *Foto Marc Funk*

Pressespiegel

Capricho amor (1996)

Brigitta Luisa und Bruno Argenta gehören zu den ganz Grossen ihres Fachs. In ihnen verschmelzen darstellerische Kraft, feiner Humor und exzellente Technik zu schönster Vollkommenheit.
Stuttgarter Zeitung, Stuttgart.

Gli artisti di *Capricho amor* risultano credibili e entusiasmano il pubblico, fra dolcezze e furori.
Corierre della sera, Milano.

Brigitta Luisa Merki, Bruno Argenta   *Foto Marc Funk*

Tourneen, Spielorte, Vorstellungen
Grosse Produktionen

Obsesión
Uraufführung 10. April 1985, Kurtheater Baden.
Choreografie: Susana. Musik: Antonio Robledo.

A Juan
Momentos de Don Juan flamenco.
Uraufführung 4. November 1987, Kurtheater Baden.
Choreografie Susana, Musik Antonio Robledo.

Contrastes
Uraufführung 23. Mai 1990, Kurtheater Baden.
Choreografie Susana, Musik Antonio Robledo.

La Celestina
Uraufführung 19. Oktober 1991. Theater Casino Zug.
Choreografie: Teresa Martin. Musik: Antonio Robledo.

Rondón
Uraufführung 4. November 1994, Kurtheater Baden.
Choreografie Brigitta Luisa Merki, Musik Antonio Robledo.

el canto nómada
Uraufführung 17. Oktober 1997, Kurtheater Baden.
Choreografie Brigitta Luisa Merki, Musik Antonio Robledo.

Soleá and the Winds
Uraufführung 21. Oktober 1999, Kurtheater Baden.
Choreografie Brigitta Luisa Merki / Colin Connor, Musik Antonio.
Robledo / Jürg Fehr

Fragmentos I
Uraufführung 24. März 2001, ThiK. Theater im Kornhaus Baden.
Choreografien: Brigitta Luisa Merki, Teresa Martin.

Fragmentos II
Uraufführung 26. Mai 2001 ThiK. Theater im Kornhaus Baden.
Choreografie Brigitta Luisa Merki.

Fragmentos III, Laberinto Soldedad
Uraufführung 13. Okt. 2001 ThiK. Theater im Kornhaus Baden.
Choreografie Brigitta Luisa Merki.

tránsito flamenco
Uraufführung 24. Oktober 2002, Theater Casino Zug.
Choreografie Brigitta Luisa Merki.

Centaura y Flamenca
Uraufführung 21. Nov. 2003, ThiK.Theater im Kornhaus Baden.
Choreografie Brigitta Luisa Merki

Antonia y Antoñita
Uraufführung 26. Mai 2004, ThiK. Theater im Kornhaus Baden
Choreografie Brigitta Luisa Merki

Obsesión

1985 bis 1986. Uraufführung 10. April 1985, Baden
Choregrafie: *Susana*. Musik: *Antonio Robledo*

1985	10. April	Baden, Kurtheater, Uraufführung
	12. April	Zürich, Opernhaus Studiobühane
	13. April	Zürich, Opernhaus Studiobühne
	14. April	Zürich, Opernhaus Studiobühne
	16. April	Aarau, Saalbau
	17. April	St. Gallen, Hotel Eckerhard
	18. April	Luzern, Aula der Kantonsschule
	19. April	Zofingen, Stadtsaal
	23. April	Basel, Kleine Bühne Stadttheater
	24. April	Fribourg, Aula der Universtität
	25. April	Bern, Theater im National
	2. November	Baden, Kurtheater
	5. November	Chur, Stadttheater
	7. November	Genf, Saint Gervais
	8. November	Genf, Saint Gervais
	9. November	Genf, Saint Gervais
	10. November	Genf, Saint Gervais
	12. November	Genf, Saint Gervais
	13. November	Genf, Saint Gervais
	14. November	Genf, Saint Gervais
	15. November	Genf, Saint Gervais
	16. November	Genf, Saint Gervais
	17. November	Genf, Saint Gervais
	18. November	Zürich, Aula Rämibühl
	21. November	Herrliberg, Vogtei
	22. November	Bern, Aula Freies Gymnasium
	25. November	Basel, Kleine Bühne
	26. November	Basel, Kleine Bühne
1986	18. März	Amersfoort Holland, Theater De Flint
	27. Juni	Nyon, Festival de Nyon
	7. November	Schaan, Theater am Kirchplatz
	12. November	Ludwigshafen, Theater im Pfalzbau

	17. November	Recklinghausen, Festspielhaus
	20. November	Landau, Festhalle

A Juan, Momentos de Don Juan flamenco

1987–1990, Uraufführung 4. November1987, Baden
Choreografie: *Susana*. Musik: *Antonio Robledo*

1987	30. Oktober	Winterthur, Theater am Stadtgarten, Vorpremière
	4. November	Baden, Kurtheater Baden, Uraufführung
	6. November	Baden, Kurtheater Baden
	8. November	Basel, Komödie Stadttheater
	9. November	Basel, Komödie Stadttheater
	10. November	Aarau, Saalbau
	11. November	Reinach, Saalbau
	12. November	Zofingen, Stadtsaal
	15. November	Zürich, Opernhaus Studiobühne, 15.00 Uhr
	15. November	Zürich, Opernhaus Studiobühne, 21.00 Uhr
	16. November	Zürich, Opernhaus Studiobühne, 18.00 Uhr
	16. November	Zürich, Opernhaus Studiobühne, 21.00 Uhr
	17. November	Yverdon, Théâtre Municipal
	19. November	Chur, Stadttheater
	22. November	Zürich, Opernhaus Studiobühne, 15.00 Uhr
	22. November	Zürich, Opernhaus Studiobühne, 21.00 Uhr
	23. November	Zürich, Opernhaus Studiobühne, 18.00 Uhr
	23. November	Zürich, Opernhaus Studiobühne, 21.00 Uhr
	24. November	Schaan, Theater am Kirchplatz
1988	17. Januar	Luxembourg, Théâtre des Capucines
	20. Januar	Tübingen, Landestheater
	23. Januar	Ludwigshafen, Pfalzbau
	24. Januar	Aschaffenburg, Theater Aschaffenburg
	27. Januar	Bern, Theater im National
	5. August	Wildegg, Schloss Wildegg
	6. August	Wildegg, Schloss Wildegg
	8. August	Amsterdam, Stadsschouwburg

	9. August	Amsterdam, Stadsschouwburg
	11. August	Amsterdam, Stadsschouwburg
	12. August	Amsterdam, Stadsschouwburg
	13. August	Amsterdam, Stadsschouwburg
	14. August	Amsterdam, Stadsschouwburg
	10. September	Basel, Festival Basel tanzt
	8. Oktober	Pully, Théâtre L'Octogone
	10. Oktober	Zürich, Opernhaus Zürich, Grosses Haus
	12. Oktober	Baden, Kurtheater
	14. Oktober	Verscio, Teatro Dimitri
	15. Oktober	Verscio, Teatro Dimitri
	17. Oktober	Thun, Schadausaal
	19. Oktober	Bern, Theeater im National
	20. Oktober	Biel, Kongresshaus
	21. Oktober	Oberkulm, Gemeindesaal
	26. Oktober	St. Maurice, Centre Jeunesse Culturelles
	27. Oktober	Zug, Theater Casino
	28. Oktober	Schaffhausen, Stadttheater
	1. November	Neuenburg, Théâtre de Neuchâtel
1988	21. November	Lindau, Stadttheater
	23. November	Leverkusen, Forum
	24. November	Neuss, Stadthalle
	26. November	Tübingen, Landestheater
	6. Dezember	Gütersloh, Stadttheater
	7. Dezember	Gütersloh, Stadttheater
1989	5. März	Chur, Stadttheater
	7. März	Wien, Szene Wien
	8. März	Wien, Szene Wien
	9. März	Wien, Szene Wien
	10. März	Wien, Szene Wien
	11. März	Wien, Szene Wien
	11. Oktober	Berlin, Akademie der Künste
	12. Oktober	Berlin, Akademie der Künste
	13. Oktober	Berlin, Akademie der Künste
	14. Oktober	Berlin, Akademie der Künste
	15. Oktober	Berlin, Akademie der Künste
	18. Oktober	Viersen, Festhalle

	19. Oktober	Ibbenbüren, Stadttheater
	22. Oktober	Friedrichshafen, Graf Zepplin Haus
	24. Oktober	Leonberg, Stadthalle
1990	10. Februar	Stuttgart, Theaterhaus
	11. Februar	Stuttgart, Theaterhaus
	12. Februar	Stuttgart, Theaterhaus
	13. Februar	Stuttgart, Theaterhaus
	14. Februar	Stuttgart, Theaterhaus
	2. Dezember	Sulmona, Teatro comunale
	4. Dezember	Bari, Teatro Petruzzelli
	6. Dezember	Lecce, Teatro politeano greco
	9. Dezember	Messina, Teatro Vittorio Emanuele

Contrastes

1990–1991. Uraufführung 23.Mai.1990, Baden.
Choreografie: *Susana*, Musik: *Antonio Robledo*.

1990	23. Mai	Baden, Kurtheater, Uraufführung
	25. Mai	Zürich, Opernhaus, Studiobühne
	26. Mai	Zürich, Opernhaus, Studiobühne, 18.00 Uhr
	26. Mai	Zürich, Opernhaus, Studiobühne, 20.30 Uhr
	27. Mai	Zürich, Opernhaus, Studiobühne, 15.00 Uhr
	27. Mai	Zürich, Opernhaus, Studiobühne, 20.00 Uhr
	29. Mai	Aarau, Saalbau
	30. Mai	Chur, Stadttheater
	1. Juni	Verscio, Teatro Dimitri
	2. Juni	Verscio, Teatro Dimitri
1991	2. März	Linz, Posthof
	6. März	Wien, Szene Wien
	7. März	Wien, Szene Wien
	8. März	Wien, Szene Wien
	9. März	Wien, Szene Wien
	11. März	Szombathély, Ungarn
	12. März	Ajka, Ungarn
	13. März	Budapest, Ungarn
	16. März	Neumünster, Stadthalle

23. März	Tübingen, Landestheater
25. März	Baden, Kurtheater
26. März	Zürich, Theater Westend
27. März	Zürich, Theater Westend
28. März	Zürich, Theater Westend
30. März	Zürich, Theater Westend
31. März	Zürich, Theater Westend
3. April	Wohlen, Kanti Forum
5. April	Kaiserlautern, Kammgarn
6. April	Kaiserlautern, Kammgarn
29. Juli	Bregenz, Festival Bregenz, Theater im Kornmarkt
30. Juli	Bozen, Sommerfestival
31. Juli	Bozen, Sommerfestival

La Celestina

1991–1994, Uraufführung 19. Oktober 1991, Zug.
Choreografie: *Teresa Martin*, Musik: *Antonio Robledo*.

1991	19. Oktober	Zug, Casino Theater
	21. Oktober	Zug, Casino Theater
	23. Oktober	Aarau, Saalbau
	24. Oktober	Winterthur, Theater am Stadtgarten
	26. Oktober	Baden, Kurtheater
	27. Oktober	Baden, Kurtheater
	29. Oktober	Verscio, Teatro Dimitri
	30. Oktober	Verscio, Teatro Dimitri
	31. Oktober	Verscio, Teatro Dimitri
	2. November	Chur, Stadttheater
	5. November	Luzern, Boa Hallen
	7. November	Luzern, Boa Hallen
	8. November	Luzern, Boa Hallen
	10. November	Genf, Alhambra
	11. November	Genf, Alhambra
	13. November	Thun, Schadausaal
	14. November	Bern, Theater im National
	15. November	Bern, Theater im National

	16. November	Langenthal, Stadttheater
	17. November	Fribourg, Aula Université
	19. November	Biel, Kongresshaus
	20. November	Basel, Stadtcasino
	21. November	Basel, Stadtcasino
	26. November	Zürich, Gessnerallee
	27. November	Zürich, Gessnerallee
	28. November	Zürich, Gessnerallee
	29. November	Zürich, Gessnerallee
	30. November	Zürich, Gessnerallee
1992	26. März	Essen, Aalto Theater
	1. April	Wien, Szene Wien
	2. April	Wien, Szene Wien
	3. April	Wien, Szene Wien
	4. April	Wien, Szene Wien
	5. April	Wien, Szene Wien
	8. April	Linz, Posthof
	10. April	Györ, Altes Theater
	12. April	Budapest, Haus der Armee
	12. Juni	Hamburg, Festival der Frauen, Kampnagel
	13. Juni	Hamburg, Festival der Frauen, Kampnagel
	14. Juni	Hamburg, Festival der Frauen, Kampnagel
	19. Juni	Lenzburg, Aargauer Theatermärt, Schloss
	20. Juni	Lenzburg, Aargauer Theatermärt, Schloss
	21. Juni	Stuttgart, Theaterhaus
	22. Juni	Stuttgart, Theaterhaus
	23. Juni	Stuttgart, Theaterhaus
	24. Juni	Stuttgart, Theaterhaus
	7. August	Bregenz, Festspiele, Theater am Kornmarkt
	1. November	Vevey, Theater de Vevey
	3. November	Sion, Stadttheater
	6. November	Neuchâtel, Theater de la Ville
	10. November	Baden, Kurtheater
	13. November	Kaiserslautern, Kammgarn
	14. November	Kaiserslautern, Kammgarn
	16. November	Ahlen, Stadttheater
	18. November	Esch, Stadttheater (Luxemburg

	20. November	Oldenburg, Kulturetage
	21. November	Neumünster, Stadttheater
	24. November	Itzehoe, Stadttheater
	26. November	Hanau, Stadttheater
	27. November	Friedrichshafen, Graf Zeppelin Halle
	2. Dezember	Düren, Stadtsaal
	3. Dezember	Neuss, Stadtsaal
1993	28. Februar	Bern, Kursaal
	2. Juni	Dresden, Musikfestspiele
	3. Juni	Dresden, Musikfestspiele
	6. Juni	Chemnitz, Städtisches Theater
	3. November	Zürich, Theater Westend
	4. November	Zürich, Theater Westend
	5. November	Zürich, Theater Westend
	6. November	Zürich, Theater Westend
	8. November	Ibbenbüren, Stadtsaal
	9. November	Ludwigsburg, Theater im Pfalzbau
	10. November	Ludwigsburg, Theater im Pfalzbau
	11. November	Frankfurt, Mousonturm
	12. November	Frankfurt, Mousonturm
	13. November	Frankfurt, Mousonturm
	14. November	Frankfurt, Mousonturm
	16. November	Frankfurt, Mousonturm
	17. November	Frankfurt, Mousonturm
	18. November	Frankfurt, Mousonturm
	19. November	Frankfurt, Mousonturm
	22. November	Viersen, Stadthalle
	30. November	Milano, Teatro Litta
	1. Dezember	Milano, Teatro Litta
1994	8. August	Neuchâtel, Théâtre de la Ville
	26. September	Sevilla, VIII Bienal de Arte Flamenco

Rondón

1994–1996, Uraufführung 4. November 1994, Baden.
Choreografie *Brigitta Luisa Merki*.

1994	4. November	Baden, Kurtheater Uraufführung
	5. November	Baden, Kurtheater
	8. November	Bern, Dampfzentrale
	9. November	Bern, Dampfzentrale
	10. November	Bern, Dampfzentrale
	12. November	Langenthal, Stadttheater
	15. November	Luzern, Boa Hallen
	16. November	Luzern, Boa Hallen
	17. November	Zofingen, Stadtsaal
	18. November	Suhr, Bärenmatte
	23. November	Olten, Stadttheater
	26. November	Suhr, Bärenmatte
	28. November	Zürich, Theater Westend
	29. November	Zürich, Theater Westend
	30. November	Zürich, Theater Westend
	1. Dezember	Zürich, Theater Westend
	2. Dezember	Zürich, Theater Westend
	3. Dezember	Zürich, Theater Westend
	4. Dezember	Zürich, Theater Westend
	6. Dezember	Zürich, Theater Westend
	7. Dezember	Zürich, Theater Westend
	8. Dezember	Zürich, Theater Westend
	9. Dezember	Zürich, Theater Westend
	10. Dezember	Zürich, Theater Westend
	11. Dezember	Zürich, Theater Westend
1995	21. Oktober	Zürich, Opernhaus, 17.00 Uhr Rondon
	21. Oktober	Zürich, Opernhaus, 20.30 Uhr Rondon
	22. Oktober	Zürich, Opernhaus, 17.00 Uhr Rondon
	22. Oktober	Zürich, Opernhaus, 20.30 Uhr Rondon
	25. Oktober	Wohlen Rondon
	26. Oktober	Frauenfeld Rondon
	27. Oktober	Hinwil Rondon
	31. Oktober	Basel Rondon

	1. November	Basel Rondon
	2. November	Basel Rondon
	3. November	Basel Rondon
	4. November	Basel Rondon
	7. November	Baden Rondon
	8. November	Mailand Rondon
	9. November	Mailand Rondon
	10. November	Mailand Rondon
	11. November	Freiburg i.Br. Rondon
	14. November	Stuttgart Rondon
	15. November	Stuttgart Rondon
	16. November	Stuttgart Rondon
	17. November	Stuttgart Rondon
	18. November	Stuttgart Rondon
	22. November	Hamburg Rondon
	23. November	Hamburg Rondon
	24. November	Hamburg Rondon
	25. November	Hamburg Rondon
	26. November	Hamburg Rondon
	1. Dezember	Oldenburg Rondon
	2. Dezember	Neumünster Rondon
	4. Dezember	Dresden, 18.00 Uhr Rondon
	4. Dezember	Dresden, 21.00 Uhr Rondon
	6. Dezember	Linz Rondon
	7. Dezember	Linz Rondon
	9. Dezember	Zug Rondon
	29. Dezember	Gütersloh Rondon
	30. Dezember	Gütersloh Rondon
	31. Dezember	Gütersloh Rondon
1996	21. März	Zürich, Hallenstadion Ausschnitte 30'
	22. März	Zürich, Hallenstadion Ausschnitte 30'
	23. März	Zürich, Hallenstadion, 16.00 Uhr Ausschnitte 30'
	23. März	Zürich, Hallenstadion, 20.00 Uhr Ausschnitte 30'
	24. März	Zürich, Hallenstadion Ausschnitte 30'
	5. Juli	Avenches, Carmen Ausschnitte
	6. Juli	Avenches, Carmen Ausschnitte
	7. Juli	Avenches, Carmen Rondon ganz

9. Juli	Avenches, Carmen Ausschnitte
10. Juli	Avenches Rondon ganz
11. Juli	Avenches, Ausschnitte
12. Juli	Avenches, Ausschnitte
13. Juli	Avenches, Ausschnitte
16. Juli	Avenches, Ausschnitte

el canto nómada

1997–1999. Uraufführung 17.Oktober 1997 Baden.
Choreografie: *Brigitta Luisa Merki*, Musik: *Antonio Robledo*.

1997	17. Oktober	Baden, Kurtheater, Uraufführung
	18. Oktober	Baden, Kurtheater
	19. Oktober	Baden, Kurtheater
	21. Oktober	Aarau, Saalbau
	22. Oktober	Aarau, Saalbau
	23. Oktober	Aarau, Saalbau
	29. Oktober	Verscio, Teatro Dimitri
	30. Oktober	Verscio, Teatro Dimitri
	31. Oktober	Verscio, Teatro Dimitri
	4. November	Milano, Teatro Litta
	5. November	Milano, Teatro Litta, 17.00 Uhr
	5. November	Milano, Teatro Litta, 21.00 Uhr
	6. November	Milano, Teatro Litta
	7. November	Milano, Teatro Litta
	8. November	Milano, Teatro Litta
	9. November	Milano, Teatro Litta, 17.00 Uhr
	9. November	Milano, Teatro Litta, 21.00 Uhr
	11. November	Luzern, Kulturhallen Boa
	13. November	Luzern, Kulturhallen Boa
	14. November	Luzern, Kulturhallen Boa
	15. November	Luzern, Kulturhallen Boa
	18. November	Bern, Dampfzentrale
	19. November	Bern, Dampfzentrale
	20. November	Bern, Dampfzentrale
	21. November	Bern, Dampfzentrale

	22. November	Bern, Dampfzentrale
	23. November	Bern, Dampfzentrale
	24. November	Bern, Dampfzentrale
	27. November	Essen, Stadtsaal Essen
	16. Dezember	Zürich, Theaterhaus Gessnerallee
	17. Dezember	Zürich, Theaterhaus Gessnerallee
	18. Dezember	Zürich, Theaterhaus Gessnerallee
	19. Dezember	Zürich, Theaterhaus Gessnerallee
	20. Dezember	Zürich, Theaterhaus Gessnerallee
	21. Dezember	Zürich, Theaterhaus Gessnerallee
1998	27. Februar	Stuttgart, Theaterhaus
	28. Februar	Stuttgart, Theaterhaus
	1. März	Stuttgart, Theaterhaus
	4. März	Stuttgart, Theaterhaus
	5. März	Stuttgart, Theaterhaus
	6. März	Stuttgart, Theaterhaus
	7. März	Stuttgart, Theaterhaus
	8. März	Stuttgart, Theaterhaus
	27. März	Neumünster, Stadttheater
	29. März	Göttingen, Junges Theater
	30. März	Göttingen, Junges Theater
	3. April	Oldenburg, Staatstheater
	4. April	Rastatt, Badner Halle
	24. April	Wilhelmshaven, Stadthalle
	29. April	Wettingen, Wetti 98, Tägerhard
	30. April	Wettingen, Wetti 98, Tägerhard
	1. Mai	Wettingen, Wetti 98, Tägerhard
	2. Mai	Wettingen, Wetti 98, Tägerhard
	3. Mai	Wettingen, Wetti 98, Tägerhard
	6. Mai	Düsseldorf, Tanzhaus nrw
	7. Mai	Düsseldorf, Tanzhaus nrw
	8. Mai	Düsseldorf, Tanzhaus nrw
	17. Juli	Adda, Italien, Adda danza, Sommerfestival
	20. Juli	Loana, Freilichtfestival 1998
	30. Juli	Bozen, int. Ballettsommer
	1. August	Rovereto, Sommerfestspiele
	4. August	Neuenburg, Festival de Dance, Théâtre de la Ville

	13. Oktober	Stuttgart, Theaterhaus
	14. Oktober	Stuttgart, Theaterhaus
	15. Oktober	Stuttgart, Theaterhaus
	16. Oktober	Stuttgart, Theaterhaus
	17. Oktober	Stuttgart, Theaterhaus
	31. Oktober	Lodi (I), Teatro comunale
	2. November	Milano, Teatro Litta
	3. November	Milano, Teatro Litta
	4. November	Milano, Teatro Litta
	5. November	Milano, Teatro Litta
	6. November	Milano, Teatro Litta
	7. November	Milano, Teatro Litta
	8. November	Milano, Teatro Litta
	10. November	Milano, Teatro Litta
	11. November	Milano, Teatro Litta
	12. November	Milano, Teatro Litta
	15. November	Bern, Gala SDT
	21. November	Baden, Kurtheater
	22. November	Baden, Kurtheater
	24. November	Luzern, Kulturhallen Boa
	26. November	Luzern, Kulturhallen Boa
	27. November	Luzern, Kulturhallen Boa
	28. November	Luzern, Kulturhallen Boa
	30. November	Wohlen, Kantiforum
	1. Dezember	Reinach, Saalbau
	2. Dezember	Zofingen, Stadtsaal
	4. Dezember	Vitznau, Aula
	15. Dezember	Zürich, Theaterhaus Gessnerallee
	16. Dezember	Zürich, Theaterhaus Gessnerallee
	17. Dezember	Zürich, Theaterhaus Gessnerallee
	18. Dezember	Zürich, Theaterhaus Gessnerallee
	19. Dezember	Zürich, Theaterhaus Gessnerallee
	20. Dezember	Zürich, Theaterhaus Gessnerallee
1999	23. Januar	Trento (I), Teatro comunale
	25. Januar	Bergamo, Teatro Donizetti
	26. Januar	Winterthur, Theater am Stadtgarten
	25. Mai	Birsfelden, Roxy

26. Mai	Birsfelden, Roxy
27. Mai	Birsfelden, Roxy
28. Mai	Birsfelden, Roxy
29. Mai	Birsfelden, Roxy
30. Mai	Birsfelden, Roxy
4. Juni	Dresden, Musikfestspiele im Zwinger

Soleá and the Winds

1999. Uraufführung 21. Oktober 1999, Baden
Choreografie: *Brigitta Luisa Merki, Colin Connor.* Musik: *Antonio Robledo.*

1999	21. Oktober	Baden, Kurtheater, Uraufführung
	23. Oktober	Baden, Kurtheater
	24. Oktober	Baden, Kurtheater
	26. Oktober	Baden, Kurtheater
	28. Oktober	Aarau, Saalbau
	29. Oktober	Aarau, Saalbau
	30. Oktober	Aarau, Saalbau
	2. November	Bern, Berner Tanztage in der Dampfzentrale
	3. November	Bern, Berner Tanztage in der Dampfzentrale
	4. November	Bern, Berner Tanztage in der Dampfzentrale
	5. November	Bern, Berner Tanztage in der Dampfzentrale
	6. November	Bern, Berner Tanztage in der Dampfzentrale
	7. November	Bern, Berner Tanztage in der Dampfzentrale
	9. November	Mailand, Teatro Litta
	10. November	Mailand, Teatro Litta
	11. November	Mailand, Teatro Litta
	12. November	Mailand, Teatro Litta
	13. November	Mailand, Teatro Litta
	14. November	Mailand, Teatro Litta
	15. November	Mailand, Teatro Litta
	23. November	Luzern, Boa Kulturhallen
	25. November	Luzern, Boa Kulturhallen
	26. November	Luzern, Boa Kulturhallen
	27. November	Luzern, Boa Kulturhallen

	30. November	Stuttgart, Theaterhaus
	2. Dezember	Stuttgart, Theaterhaus
	3. Dezember	Stuttgart, Theaterhaus
	4. Dezember	Stuttgart, Theaterhaus
	5. Dezember	Stuttgart, Theaterhaus
	6. Dezember	Stuttgart, Theaterhaus
	8. Dezember	Stuttgart, Theaterhaus
	9. Dezember	Stuttgart, Theaterhaus
	11. Dezember	Stuttgart, Theaterhaus
	13. Dezember	Stuttgart, Theaterhaus
	14. Dezember	Stuttgart, Theaterhaus
	15. Dezember	Stuttgart, Theaterhaus
	17. Dezember	Stuttgart, Theaterhaus
	18. Dezember	Stuttgart, Theaterhaus
	19. Dezember	Stuttgart, Theaterhaus
2000	11. Januar	Zürich, Theaterhaus Gessnerallee
	12. Januar	Zürich, Theaterhaus Gessnerallee
	13. Januar	Zürich, Theaterhaus Gessnerallee
	14. Januar	Zürich, Theaterhaus Gessnerallee
	15. Januar	Zürich, Theaterhaus Gessnerallee
	28. Januar	Viersen (D), Stadthalle
	4. Februar	Wilhelmshaven (D), Stadttheater
	6. Februar	Wolfsburg (D), Stadttheater
	10. Februar	Bergamo (I), Teatro Donizetti
	27. Mai	Zürich, Schweizer Fernsehen, Ausschnitte
	27. Oktober	Verscio, Teatro Dimitri
	28. Oktober	Verscio, Teatro Dimitri
	29. Oktober	Verscio, Teatro Dimitri
	7. November	Mailand, Teatro Litta
	8. November	Mailand, Teatro Litta
	9. November	Mailand, Teatro Litta
	11. November	Baden, Kurtheater
	12. November	Baden, Kurtheater
	15. November	Zofingen, Stadtsaal
2001	21. April	Hameln, Theater der Stadt Hameln
	23. April	Villingen-Schwenningen, Stadttheater
	5. Mai	Gera, Stadttheater

9. Mai	Birsfelden, Roxy
11. Mai	Birsfelden, Roxy
12. Mai	Birsfelden, Roxy
15. Mai	Luxembourg, Theatre des Capucines
16. Mai	Luxembourg, Theatre des Capucines

Fragmentos I
2001. Uraufführung 24. März 2001, Baden
Choreografie: *Brigitta Luisa Merki.*

2001	23. März	Baden, ThiK. Theater im Kornhaus, Vorpremière
	24. März	Baden, ThiK. Theater im Kornhaus. Première
	27. März	Baden, ThiK. Theater im Kornhaus
	28. März	Baden, ThiK. Theater im Kornhaus
	29. März	Baden, ThiK. Theater im Kornhaus
	30. März	Baden, ThiK. Theater im Kornhaus
	31. März	Baden, ThiK. Theater im Kornhaus
	01. April	Baden, ThiK. Theater im Kornhaus
	03. April	Baden, ThiK. Theater im Kornhaus
	04. April	Baden, ThiK. Theater im Kornhaus
	05. April	Baden, ThiK. Theater im Kornhaus
	06. April	Baden, ThiK. Theater im Kornhaus
	07. April	Baden, ThiK. Theater im Kornhaus
	08. April	Baden, ThiK. Theater im Kornhaus

Fragmentos II
2001. Uraufführung 26. Mai 2001, Baden,
Choreografie: *Brigitta Luisa Merki.*

2001	25. Mai	Baden, ThiK. Theater im Kornhaus, Vorpremière
	26. Mai	Baden, ThiK. Theater im Kornhaus, Première
	29. Mai	Baden, ThiK. Theater im Kornhaus
	30. Mai	Baden, ThiK. Theater im Kornhaus
	31. Mai	Baden, ThiK. Theater im Kornhaus
	01. Mai	Baden, ThiK. Theater im Kornhaus
	02. Mai	Baden, ThiK. Theater im Kornhaus
	03. Mai	Baden, ThiK. Theater im Kornhaus

05. Mai	Baden, ThiK. Theater im Kornhaus
06. Mai	Baden, ThiK. Theater im Kornhaus
07. Mai	Baden, ThiK. Theater im Kornhaus
08. Mai	Baden, ThiK. Theater im Kornhaus
09. Mai	Baden, ThiK. Theater im Kornhaus
10. Mai	Baden, ThiK. Theater im Kornhaus

Laberinto Soledad, Fragmentos III

2001–2003 Uraufführung 13. Oktober 2001, Baden.
Choreografie: *Brigitta Luisa Merki.*

2001	12. Oktober	Baden, ThiK. Theater im Kornhaus, Vorpremière
	13. Oktober	Baden, ThiK. Theater im Kornhaus, Première
	17. Oktober	Baden, ThiK. Theater im Kornhaus
	18. Oktober	Baden, ThiK. Theater im Kornhaus
	19. Oktober	Baden, ThiK. Theater im Kornhaus
	20. Oktober	Baden, ThiK. Theater im Kornhaus
	21. Oktober	Baden, ThiK. Theater im Kornhaus
	24. Oktober	Baden, ThiK. Theater im Kornhaus
	25. Oktober	Baden, ThiK. Theater im Kornhaus
	26. Oktober	Baden, ThiK. Theater im Kornhaus
	27. Oktober	Baden, ThiK. Theater im Kornhaus
	28. Oktober	Baden, ThiK. Theater im Kornhaus
	2. November	Verscio, Teatro Dimitri
	3. November	Verscio, Teatro Dimitri
	04. November	Verscio, Teatro Dimitri
	06. November	Mailand, Teatro Litta
	07. November	Mailand, Teatro Litta
	08. November	Mailand, Teatro Litta
	09. November	Mailand, Teatro Litta
	10. November	Mailand, Teatro Litta
	11. November	Mailand, Teatro Litta, 18.00 Uhr
	11. November	Mailand, Teatro Litta, 21.00 Uhr
	18. Dezember	Recital Flamenco Luzern, Kleintheater
	19. Dezember	Luzern, Kleintheater
	20. Dezember	Luzern, Kleintheater

	20. Dezember	Luzern, Kleintheater
2002	22. Februar	Laberinto Soledad Wohlen, Kanti - Forum
	27. Februar	Bern, Dampfzentrale, Berner Tanztage
	28. Februar	Bern, Dampfzentrale, Berner Tanztage
	01. März	Bern, Dampfzentrale, Berner Tanztage
	02. März	Bern, Dampfzentrale, Berner Tanztage
	03. März	Bern, Dampfzentrale, Berner Tanztage
	10. Juli	Laberinto Soledad Millau, Festival de Millau, F
	20. September	Laberinto Soledad Basel, Vorstadttheater
2003	28. März	Laberinto Soledad Essen, Choreografiesches Zentrum, Pact Zollverein
	29. März	Laberinto Soledad Essen, Choreoegrafiesches Zentrum, Pact Zollverein
	20. Juni	Laberinto Soledad Wettingen, Rest. Metropole, Ausschnitte
	22. Juni	Laberinto Soledad Luzern, KKL, Ausschnitte

tránsito flamenco

2002–2003. Uraufführung 24. Oktober 2002, Zug
Choreografie: *Brigitta Luisa Merki.*

2002	24. Oktober	Zug, Casino Zug, Uraufführung
	31. Oktober	Verscio, Teatro Dimitri
	2. November	Verscio, Teatro Dimitri
	3. November	Verscio, Teatro Dimitri
	6. November	Mailand, Teatro Litta
	7. November	Mailand, Teatro Litta
	8. November	Mailand, Teatro Litta
	9. November	Mailand, Teatro Litta
	10. November	Mailand, Teatro Litta
	13. November	Mailand, Teatro Litta
	14. November	Mailand, Teatro Litta
	15. November	Mailand, Teatro Litta
	16. November	Mailand, Teatro Litta
	17. November	Mailand, Teatro Litta
	20. November	Fulda, Stadttheater

	23. November	Gschwend, Stadthalle
	25. November	Aarau, Kongress und Kulturzentrum
	26. November	Aarau, Kongress und Kulturzentrum
	30. November	Baden, Kurtheater
	1. Dezember	Baden, Kurtheater
	3. Dezember	Lörrach, Stadttheater
	7. Dezember	Reinach, Saalbau
2003	2. Mai	Birsfelden, Roxy
	3. Mai	Birsfelden, Roxy
	4. Mai	Birsfelden, Roxy
	9. Mai	Brugg, Odeon
	10. Mai	Luzern, KKL
	14. Mai	Baden, Kurtheater
	16. Mai	Baden, Barregg-Tunnel
	17. Mai	Stuttgart, Theaterhaus
	18. Mai	Stuttgart, Theaterhaus
	20. Mai	Stuttgart, Theaterhaus
	21. Mai	Stuttgart, Theaterhaus
	22. Mai	Stuttgart, Theaterhaus
	23. Mai	Stuttgart, Theaterhaus
	25. Mai	Robas, Gemeindesaal
	31. Mai	Baden, Stadtcasino
	10. Dezember	Bern, Dampfzentrale
	12. Dezember	Bern, Dampfzentrale
	13. Dezember	Bern, Dampfzentrale
	14. Dezember	Bern, Dampfzentrale
	16. Dezember	Zürich, Theaterhaus Gessnerallee
	18. Dezember	Zürich, Theaterhaus Gessnerallee
	19. Dezember	Zürich, Theaterhaus Gessnerallee
	20. Dezember	Zürich, Theaterhaus Gessnerallee
	21. Dezember	Zürich, Theaterhaus Gessnerallee

Centaura y Flamenca

2003–2004. Uraufführung 21. November 2003, Baden.
Choreografie: *Brigitta Luisa Merki.*

2003	21. November	Baden, ThiK. Theater im Kornhaus
	22. November	Baden, ThiK. Theater im Kornhaus
	23. November	Baden, ThiK. Theater im Kornhaus
	26. November	Baden, ThiK. Theater im Kornhaus
	27. November	Baden, ThiK. Theater im Kornhaus
	28. November	Baden, ThiK. Theater im Kornhaus
	29. November	Baden, ThiK. Theater im Kornhaus
	30. November	Baden, ThiK. Theater im Kornhaus
	10. Dezember	Bern, Dampfzentrale
	12. Dezember	Bern, Dampfzentrale
	13. Dezember	Bern, Dampfzentrale
	14. Dezember	Bern, Dampfzentrale
	16. Dezember	Zürich, Theaterhaus Gessnerallee
	18. Dezember	Zürich, Theaterhaus Gessnerallee
	19. Dezember	Zürich, Theaterhaus Gessnerallee
	20. Dezember	Zürich, Theaterhaus Gessnerallee
	21. Dezember	Zürich, Theaterhaus Gessnerallee
2004	11. Februar	Stuttgart, Theaterhaus
	13. Februar	Stuttgart, Theaterhaus
	14. Februar	Stuttgart, Theaterhaus
	15. Februar	Stuttgart, Theaterhaus
	17. Februar	Basel, Vorstadttheater
	18. Februar	Basel, Vorstadttheater
	19. Februar	Basel, Vorstadttheater
	20. Februar	Basel, Vorstadttheater
	21. Februar	Basel, Vorstadttheater
	22. Februar	Basel, Vorstadttheater
	25. Februar	Luzern, Kleintheater
	26. Februar	Luzern, Kleintheater
	27. Februar	Luzern, Kleintheater
	28. Februar	Luzern, Kleintheater
	29. Februar	Luzern, Kleintheater

2. Juni	Verscio, Teatro Dimitri
3. Juni	Verscio, Teatro Dimitri

Antonia y Antoñita

2004 Uraufführung 26. Mai 2004 ThiK Theater im Kornhaus Baden
Choreografie: *Brigitta Luisa Merki.*

2004	26. Mai	Baden, ThiK. Theater im Kornhaus
	27. Mai	Baden, ThiK. Theater im Kornhaus
	28. Mai	Baden, ThiK. Theater im Kornhaus
	29. Mai	Baden, ThiK. Theater im Kornhaus, 17.00 Uhr
	29. Mai	Baden, ThiK. Theater im Kornhaus, 20.15 Uhr
	30. Mai	Baden, ThiK. Theater im Kornhaus

Soloproduktionen

Nocturnos
Uraufführung 26. August 1989, Theatermärt Lenzburg
Choreografie und Tanz: Brigitta Luisa Merki

Entre mariposas negras
Uraufführung 14. Mai 1991, Teatro Dimitri Verscio
Choreografie: Brigitta Luisa Merki

Gritos
Uraufführung 7. Mai 1993, Theater Westend, Zürich
Choreografie: Brigitta Luisa Merki

Capricho Amor
Uraufführung 3. Mai 1996, Theater im Kornhaus ThiK, Baden
Choreografie: Brigitta Luisa Merki, Bruno Argento

Nocturnos

1989–1990. Uraufführung 26. August 1989, Lenzburg
Choreografie und Tanz: *Brigitta Luisa Merki.*

1989	26. August	Lenzburg, Aargauer Theatermärt, Uraufführung
	29. August	Chur, Klibühni Schnidrzumft
	30. August	Chur, Klibühni Schnidrzumft
	31. August	Chur, Klibühni Schnidrzumft
	4. September	Zürich, Theater an der Winkelwiese
	5. September	Zürich, Theater an der Winkelwiese
	6. September	Zürich, Theater an der Winkelwiese
	7. September	Zürich, Theater an der Winkelwiese
	8. September	Zürich, Theater an der Winkelwiese
	9. September	Zürich, Theater an der Winkelwiese
	13. September	Baden, Kurtheater
	14. September	Baden, Kurtheater
	21. September	Aarau, Tuchlaube
	22. September	Aarau, Tuchlaube
	23. September	Bremgarten, Kellertheater
	6. November	Etzgen, Alte Mühle
	2. März	Wildegg, Aula
	3. März	Luzern, Kleintheater am Bundesplatz
	5. März	Luzern, Kleintheater am Bundesplatz
	6. März	Zürich, Theater Westend
	7. März	Zürich, Theater Westend
	8. März	Zürich, Theater Westend
	9. März	Laufenburg, Roter Löwen
	10. März	Olten, Färbi
	11. März	Bern, Theater im Käfigturm
	12. März	Bern, Theater im Käfigturm
	14. März	Zurzach, Alter Gemeindesaal
	16. März	Verscio, Teatro Dimitri
	17. März	Verscio, Teatro Dimitri
	2. November	Wallisellen, Stadtsaal
	3. November	Wetzikon, Rudolf Steiner Schule
	6. November	Möhlin, Gemeindesaal

7. November	Baden, Kellertheater
8. November	Baden, Kellertheater
9. November	Baden, Kellertheater
13. November	Luzern, Kleintheater am Bundesplatz
15. November	Luzern, Kleintheater am Bundesplatz
16. November	Luzern, Kleintheater am Bundesplatz
7. November	Schöftland, Härdöpfuchäller
19. November	Basel, Vorstadttheater
20. November	Basel, Vorstadttheater
21. November	Basel, Vorstadttheater
22. November	Aarau, Tuchlaube

Entre mariposas negras

1991 - 1992. Uraufführung 14. Mai 1991, Verscio
Choreografie und Tanz: *Brigitta Luisa Merki*

1991	14. Mai	Verscio, Teatro Dimitri, Uraufführung
	15. Mai	Verscio, Teatro Dimitri
	17. Mai	Zürich, Theater an der Winkelwiese
	18. Mai	Zürich, Theater an der Winkelwiese
	21. Mai	Zürich, Theater an der Winkelwiese
	22. Mai	Zürich, Theater an der Winkelwiese
	23. Mai	Zürich, Theater an der Winkelwiese
	24. Mai	Zürich, Theater an der Winkelwiese
	25. Mai	Zürich, Theater an der Winkelwiese
	28. Mai	Zürich, Theater an der Winkelwiese
	29. Mai	Zürich, Theater an der Winkelwiese
	30. Mai	Zürich, Theater an der Winkelwiese
	31. Mai	Zürich, Theater an der Winkelwiese
	1. Juni	Basel, Vorstadttheater
	2. Juni	Basel, Vorstadttheater
	3. Juni	Basel, Vorstadttheater
	4. Juni	Basel, Vorstadttheater
	5. Juni	Aarau, Theater in der Futterfabrik KiFF
	7. Juni	Aarau, Theater in der Futterfabrik KiFF
	8. Juni	Aarau, Theater in der Futterfabrik KiFF

12. Juni	Baden, Theater im Kornhaus
13. Juni	Birr
14. Juni	Baden, Theater im Kornhaus
15. Juni	Baden, Theater im Kornhaus
31. August	Zürich, Theaterspektakel
1. September	Zürich, Theaterspektakel
22. Mai	Aarau, Kunsthaus, Gala Ballettverein
23. Mai	Aarau, Kunsthaus, Gala Ballettverein
23. Mai	Baden, Nocturne Kino Sterk
6. September	Nottwil, Paraplegikerzentrum
11. September	Klingnau, Probsteikeller
12. September	Luzern, Kleintheater am Bundesplatz, Gala
12. September	Bern, Glanzfest, Berner Tanztage
13. September	Nussbaumen, Aula Unterboden
16. September	Frick, Turnhalle 58
17. September	Strengelbach, Kirchgemeindehaus
18. September	Verscio, Teatro Dimitri
19. September	Verscio, Teatro Dimitri
30. September	Zürich, Kunsthaus Zürich
2. Oktober	Stäfa, Kulturkarussel Rössli
6. Oktober	Luzern, Kleintheater am Bundesplatz
8. Oktober	Luzern, Kleintheater am Bundesplatz
9. Oktober	Luzern, Kleintheater am Bundesplatz
10. Oktober	Luzern, Kleintheater am Bundesplatz
20. Oktober	Zürich, Stadthof 11, Gala Dimitri
23. Oktober	Lenzburg, Stapferhaus
26. Oktober	Rheinfelden, Parkhotel

Gritos

1993–1994. Uraufführung 7. Mai 1993, Zürich
Choreografie: *Brigitta Luisa Merki.*

1993	7. Mai	Zürich, Westend, Uraufführung
	8. Mai	Zürich, Westend
	9. Mai	Zürich, Westend
	11. Mai	Zürich, Westend

12. Mai	Zürich, Westend
13. Mai	Zürich, Westend
14. Mai	Zürich, Westend
15. Mai	Zürich, Westend
16. Mai	Zürich, Westend
17. Mai	Willisau, Rathaustheater
18. Mai	Laufenburg, Altes Gerichtsgebäude
19. Mai	Aarau, Theater Tuchlaube
21. Mai	Aarau, Theater Tuchlaube
22. Mai	Aarau, Theater Tuchlaube
25. Mai	Wohlen, Kantiforum
26. Mai	Basel, Vorstadttheater
27. Mai	Basel, Vorstadttheater
28. Mai	Basel, Vorstadttheater
29. Mai	Basel, Vorstadttheater
9. Juni	Baden, Theater im Kornhaus
11. Juni	Baden, Theater im Kornhaus
12. Juni	Baden, Theater im Kornhaus
15. Juni	Bern, Altes Schlachthaus
16. Juni	Bern, Altes Schlachthaus
17. Juni	Bern, Altes Schlachthaus
18. Juni	Bern, Altes Schlachthaus
19. Juni	Bern, Altes Schlachthaus
8. September	Luzern, Kleintheater am Bundesplatz
10. September	Luzern, Kleintheater am Bundesplatz
11. September	Luzern, Kleintheater am Bundesplatz
14. September	Luzern, Kleintheater am Bundesplatz
15. September	Luzern, Kleintheater am Bundesplatz
16. September	Luzern, Kleintheater am Bundesplatz
17. September	Verscio, Teatro Dimitri
18. September	Verscio, Teatro Dimitri
21. September	Zürich, Westend
22. September	Zürich, Westend
24. September	Lenzburg, Stapferhaus Schloss Lenzburg
31. März	Schorndorf, Manufaktur
1. April	Schorndorf, Manufaktur
2. April	Schorndorf, Manufaktur

4. April	Baden, ref. Kirchgemeindehaus
8. April	Reinach, Theater am Bahnhof
9. April	Wetzikon, Rudolf Steiner Schule
14. April	Heidelberg, Stadttheater
16. April	Dresden, Kleine Szene der sächs. Staatsoper
17. April	Dresden, Kleine Szene der sächs. Staatsoper
18. April	Dresden, Kleine Szene der sächs. Staatsoper
22. April	Freiburg i.Br., Theater am Martinstor
23. April	Freiburg i.Br., Theater am Martinstor
27. April	Muri, Gemeindesaal
28. April	Adliswil, Gemeindesaal
29. April	Stäfa, Rössli
30. April	Sarmenstorf Aula
3. März	Nussbaumen, Gemeindesaal
5. März	Göttingen, Junges Theater
6. März	Göttingen, Junges Theater
10. März	Oldenburg, Kulturetage
11. März	Oldenburg, Kulturetage
15. März	Berlin, Werkstatt der Kulturen
16. März	Berlin, Werkstatt der Kulturen

Capricho Amor

1996–1997. Uraufführung 3. Mai 1996, Baden
Choreografie: *Brigitta Luisa Merki, Bruno Argenta*. Musik: *Juan Soto*.

1996	3. Mai	Baden, ThiK. Theater im Kornhaus, Uraufführung
	4. Mai	Baden, ThiK. Theater im Kornhaus
	9. Mai	Baden, ThiK. Theater im Kornhaus
	10. Mai	Baden, ThiK. Theater im Kornhaus
	11. Mai	Baden, ThiK. Theater im Kornhaus
	14. Mai	Bern, Altes Schlachthaus
	15. Mai	Bern, Altes Schlachthaus
	16. Mai	Bern, Altes Schlachthaus
	17. Mai	Bern, Altes Schlachthaus

18. Mai	Bern, Altes Schlachthaus
21. Mai	Bern, Altes Schlachthaus
22. Mai	Bern, Altes Schlachthaus
23. Mai	Bern, Altes Schlachthaus
28. Mai	Zürich, Theater an der Winkelwiese
29. Mai	Zürich, Theater an der Winkelwiese
30. Mai	Schweizer Fernsehen DRS
31. Mai	Zürich, Theater an der Winkelwiese
1. Juni	Zürich, Theater an der Winkelwiese
4. Juni	Zürich, Theater an der Winkelwiese
5. Juni	Zürich, Theater an der Winkelwiese
6. Juni	Zürich, Theater an der Winkelwiese
7. Juni	Zürich, Theater an der Winkelwiese
8. Juni	Zürich, Theater an der Winkelwiese
12. Juni	Basel, Vorstadttheater
13. Juni	Basel, Vorstadttheater
14. Juni	Basel, Vorstadttheater
15. Juni	Basel, Vorstadttheater
16. Juni	Basel, Vorstadttheater
29. September	Baden, Kurtheater
1. Oktober	Verscio, Teatro Dimitri
2. Oktober	Verscio, Teatro Dimitri
7. Oktober	Lausanne, Sévelin 36
8. Oktober	Lausanne, Sévelin 36
9. Oktober	Lausanne, Sévelin 36
10. Oktober	Lausanne, Sévelin 36
11. Oktober	Lausanne, Sévelin 36
12. Oktober	Luzern, Kleintheater am Bundesplatz
14. Oktober	Luzern, Kleintheater am Bundesplatz
15. Oktober	Luzern, Kleintheater am Bundesplatz
16. Oktober	Luzern, Kleintheater am Bundesplatz
17. Oktober	Luzern, Kleintheater am Bundesplatz
22. Oktober	Zürich, Depot Hardturm
23. Oktober	Zürich, Depot Hardturm
24. Oktober	Zürich, Depot Hardturm
25. Oktober	Zürich, Depot Hardturm
26. Oktober	Zürich, Depot Hardturm

28. Oktober	Mailand, Teatro Litta
29. Oktober	Mailand, Teatro Litta
30. Oktober	Mailand, Teatro Litta
31. Oktober	Mailand, Teatro Litta
1. November	Mailand, Teatro Litta
5. November	Wien, Szene Wien
6. November	Wien, Szene Wien
7. November	Wien, Szene Wien
8. November	Wien, Szene Wien
9. November	Wien, Szene Wien
11. April	Hameln, Theater der Stadt Hameln
16. April	Stuttgart, Theaterhaus Stuttgart
17. April	Stuttgart, Theaterhaus Stuttgart
18. April	Stuttgart, Theaterhaus Stuttgart
19. April	Stuttgart, Theaterhaus Stuttgart
3. Mai	Sarmenstorf, Aula
4. Mai	Nussbaumen, Alter Gemeindesaal
6. Mai	Ermatingen, int. Bodenseefestival
9. Mai	Göttingen, Junges Theater
10. Mai	Göttingen, Junges Theater

Schweizerische Gesellschaft für Theaterkultur
Société suisse du théâtre
Società svizzera di studi teatrali
Societad svizra per cultura da teater
Swiss Association for Theatre Studies

Postfach 1940
CH-4001 Basel

www.theater.ch/SGTK.html
theater@theater.ch

Telefon 061 321 10 60
Telefax 061 321 10 75

Editions Theaterkultur Verlag
c/o SGTK
Postfach 1940
CH-4001 Basel

Publikationslisten unter

www.theater.ch/SGTK.html > Publikationen
theater@theater.ch